Kennen Sie das Taubertal?

Von Rothenburg bis Wertheim

Der Weinanbau an der Tauber

Autoren:
Jürgen Courtin
Anja Göbel
Jaroslava Kolar
Verena Maas
Robin Markowski
Isolde Nees
Nikola Reinheimer
Barbara Zeizinger

Weststadt

Der vorliegende Regionalführer bietet Ihnen die Möglichkeit, anhand der angegebenen Geokoordinaten den Startpunkt der jeweiligen Route in Ihrem Navigationsgerät, PDA oder in Mobile-Phone Anwendungen anzugeben und so bequem und zuverlässig zu erreichen.
Beispiel Route Creglingen: Adresse Taubertorbrücke, 97993 Creglingen, Geokoordinaten: 49.470282, 10.030377 (Latitude & Longitude).

Herausgeber: Weststadt Verlag
Marketing: Petra Reinheimer
Fotos: siehe Verzeichnis
Karten und Pläne: siehe Verzeichnis
Layout: Reinheimer Medien, Darmstadt
Druck: Ph. Reinheimer GmbH, Darmstadt

ISBN 978-3-940179-22-7

Inhalt

Liebliches Taubertal

Die Tauber entspringt im Klingenbrunnen bei Weikersholz und mündet nach 131 Kilometern bei Wertheim in den Main. Die Wege entlang des Flusses eignen sich hervorragend zum Wandern und für Radtouren, führen durch malerische Ortschaften, vorbei an Bildstöcken und Kapellen und an Weinbergen entlang. Typisch im südlichen Taubertal ist die Steinriegellandschaft, denn bereits ab dem Spätmittelalter wurde hier Wein angebaut. Zur Lockerung der Böden hackte man die Steine aus dem flachgrundigen Muschelkalkboden heraus und häufte sie in der Falllinie als Eigentumsgrenzen auf. Diese oft mehrere Meter hohen und breiten Ansammlungen haben den willkommenen Nebeneffekt das Klima zu regulieren. Die Steine heizen sich tagsüber auf und spenden die Wärme in der Nacht. Zusätzlich halten sie kalte Winde von den Weinreben ab. Im nördlichen Taubertal sind die aus rotem Bundsandstein geschaffenen Terrassenmauern charakteristisch. Neben dem Wein und dem Most ist das Bier im Taubertal beheimatet. Etwa ein Viertel der Ackerfläche im Main-Tauber-Kreis ist mit Braugerste bestellt und das hier gebraute Bier gilt als besonders geschmackvoll und bekömmlich.

Weltbekannte Künstler haben im Taubertal ihre Spuren hinterlassen. Wie die Künstler bzw. Bildschnitzer Thomas Buscher und Tilman Riemenschneider mit Werken, auf denen die Figuren, die Behandlung der Gewänder und das ungewöhnliche Licht- und Schattenspiel beeindrucken. Ebenfalls zu bestaunen sind Gemälde von Matthias Grünewald sowie Bauwerke von Balthasar Neumann und Joseph Greising. Überall zu finden sind religiöse Darstellungen wie Madonnen und Heilige an den Hauswänden, Bildstöcke und Steinkreuze in den Dorfstraßen oder auf freiem Feld. Sie sind aus heimischen Materialien entstanden, aus hellem Muschelkalk oder rotem Buntsandstein gemeißelt und manchmal auch in Holz gehauen.

Erkundungen dieser abwechslungsreichen Region, dabei einzukehren und die herzhafte fränkische Küche oder auch ‚Haute Cuisine‘ zu kosten – abgerundet von Taubertäler Wein, regional gebrautem Bier oder Most – gewähren einen interessanten und genussvollen Aufenthalt.

Rothenburg ob der Tauber

Stadtteile: Rothenburg ob der Tauber, Bettenfeld, Bronnenmühle, Brundorf, Burgstall, Detwang, Dürrenhof, Fuchsmühle, Haltenmühle, Hammerschmiede, Hansrödermühle, Hemmendorf, Herrenmühle, Herrnwinden, Hohbach, Hollersmühle, Kaiserstuhl, Langenmühle, Leuzenbronn, Ludlesmühle, Lukasrödermühle, Mittelmühle, Obere Walkmühle, Obermühle, Reusch, Sankt Leonhard, Schandhof, Schlößlein, Schmelzmühle, Schnepfendorf, Schwarzenmühle, Siechenmühle, Steinbach, Steinmühle, Untere Walkmühle, Vorbach, Weißenmühle, Wildbad, Ziegelhütte

Von Isolde Nees

Geokoordinaten Startpunkt

Rothenburg, Marktplatz
49.3775, 10.178889

Die erste Erwähnung von Rodenburg war 1142, als der Stauferkönig Konrad III. eine Burg auf einer Rodung erbaute. Im Umfeld der Burg kam es zu einer Siedlung, die 1180 die Stadtrechte erhielt und 1274 von Rudolf von Habsburg zur Reichsstadt erklärt wurde. Um diese Zeit begannen die Rodenburger einen ersten Mauerring und Graben zu errichten und da die Stadt sich auch außerhalb dieser Mauer weiter ausdehnte, wurde um 1300 ein zweiter äußerer Mauerring erbaut. 1356 zerstörte ein Erdbeben Teile der Stadt, darunter angeblich die Reichsburg. Im Dreißigjährigen Krieg wurde die Stadt mehrfach besetzt. Doch 1631 gelang, wie die Sage erzählt, durch den Meistertrunk die Rettung der Stadt vor der endgültigen Zerstörung.

Wir beginnen unseren Rundgang auf dem von stolzen Bürgerhäusern umstandenen **Marktplatz**. Links das **Rathaus**, dessen rückwärtiger Teil zwischen 1250 bis 1400 entstand. Der dem Marktplatz zugewandte Renaissancebau mit seinem Voluten-Giebel entstand 1572-78 und hier hat noch heute die Stadtverwaltung ihren Sitz. Die Bogenreihe vor dem Rathaus wurde 1681 angebaut, der 48 Meter hohe Turm des hinteren Teils kann bestiegen werden.

Blick auf den Marktplatz mit historischem Rathaus

Tourist-Information

Marktplatz 2
Tel. 09861-404800

Geöffnet Mai bis Dez:
Mo-Fr 9-18, Sa+So 10-17 Uhr
Jan. bis April
Mo-Fr 9-17 Uhr, Sa 10-13 Uhr

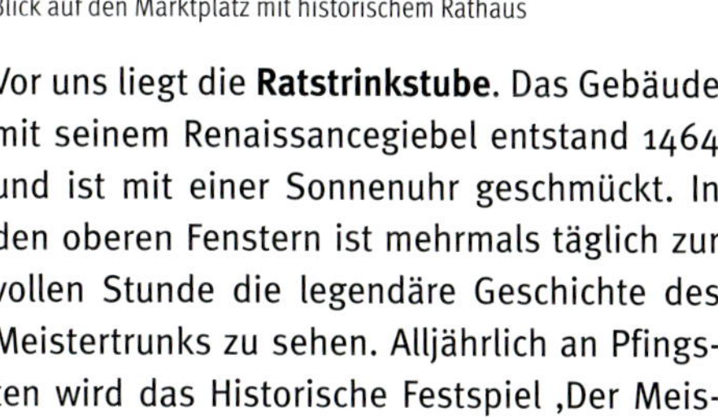

Vor uns liegt die **Ratstrinkstube**. Das Gebäude mit seinem Renaissancegiebel entstand 1464 und ist mit einer Sonnenuhr geschmückt. In den oberen Fenstern ist mehrmals täglich zur vollen Stunde die legendäre Geschichte des Meistertrunks zu sehen. Alljährlich an Pfingsten wird das Historische Festspiel ‚Der Meistertrunk' im Kaisersaal des Rathauses aufgeführt. Im Erdgeschoss des Gebäudes ist die Touristen-Information untergebracht.

● Routenstart

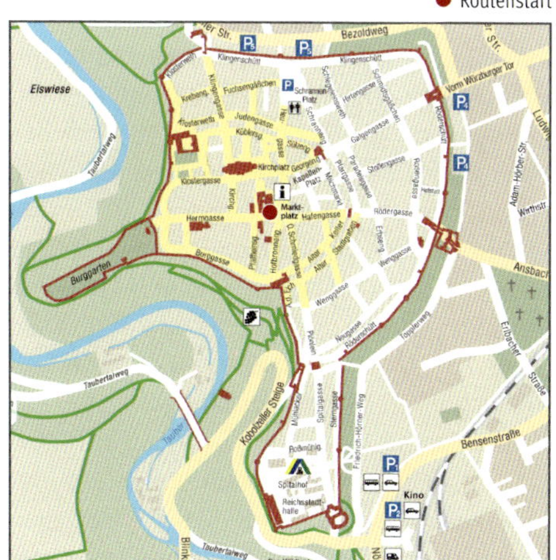

Es war das Jahr 1631, seit 13 Jahren tobte der Krieg, als der Katholische Generalissimus Tilly mit 60 000 Mann bis vor die Mauern des protestantischen Rothenburg vorgedrungen war. Die Stadt wurde gestürmt und der Bürgermeister und alle Räte zum Tode verurteilt. Weil es Bürgermeister Nusch schaffte, einen Krug mit 3 ¼ Liter Frankenwein in einem Zug zu leeren, rettete er die Ratsherren vor dem Tod und die Stadt vor Plünderei und Zerstörung.

Öffentliche Führungen
Geisterführung anno 1399
Nachtwächterführung
Stadtführung
Kirchenführung

Buchbare Führungen
Verteidigungsanlagen
Frühlingsbräuche
Historische Festspiel Führung
Kinderführung
Weinbergführung
Romantisches Mittelalter

Wir biegen am oberen Marktplatzende rechts vor dem Gasthof ‚Goldenes Lamm' in das Lammwirtgässchen ein und erreichen den Kapellenplatz. Hier befand sich ab 1180 das Jüdische Viertel bis 1350 bei einem Pogrom die Juden vertrieben wurden. Die Synagoge wurde zur Marienkapelle umgewandelt und 1805 im Zuge der Säkularisation abgerissen. Der Stern im Schild des Gasthofs Butz ist ein Zoigl, ein Bierbrauerzeichen.

Wir laufen den Kapellenplatz entlang und biegen beim Seelhaus-Brunnen aus dem 19. Jahrhundert nach links, gehen den Milchmarkt entlang und kommen zum **Weißen Turm**, ein Überrest des ersten Mauerrings aus dem 12. Jahrhundert. An dem Turm angebaut ist das ehemalige Judentanzhaus, Zentrum jüdischen Lebens im Mittelalter. Dahinter der kleine Garten mit dem Rabbi-Meir-Denkmal enthält Grabsteine des jüdischen Friedhofs. Wir werfen einen Blick in die Galgengasse und sehen an deren Ende das Galgentor. Von dort führte der Weg zur früheren Hinrichtungsstätte.

Wir kehren um, gehen die Georgengasse entlang bis zum Kirchplatz und stehen vor der **St.-Jakobs-Kirche**, die ab 1311 in drei Teilen erbaut wurde. Der dritte Teil wurde mit einem

St.-Jakobs-Kirche

Heilig-Blut-Altar

Das Zoigl wurde als sogenanntes ‚Bierzeigl' an Gaststätten gehängt, als Zeichen für den Bierausschank. Der sechseckige Zoiglstern besteht aus zwei ineinander gesteckten Dreiecken und symbolisiert die drei am Brauen beteiligten Elemente Feuer, Wasser, Luft sowie die im Mittelalter bekannten Zutaten Wasser, Hopfen und Malz.

Torbogen über der Straße errichtet. Die Kirche besitzt ein mit Figuren geschmücktes gotisches Strebewerk. Im Inneren sehen wir den mit farbigen Holzschnitzarbeiten ausgeführten Hauptaltar (Friedrich Herlin) von 1466. Die Rückseite ist der Jakobuslegende gewidmet. Die Glasgemälde der 17m hohen Fenster stammen von 1350 und 1400 und zeigen Szenen vom Leben und Leiden Christi und aus dem Marienleben. Der Marienaltar im nördlichen Seitenschiff wurde um 1520 hergestellt. Auf der Westempore steht der **Heilig-Blut-Altar**, ein Meisterwerk von Tilman Riemenschneider. Der Altar aus unbemaltem Lindenholz entstand von 1499 bis 1505 im Auftrag des Rothenburger Rates, um der Heilig-Blut-Reliquie einen würdigen Rahmen zu geben. Hoch oben

Reichsstadtmuseum

Malerei, Skulpturen, Kunsthandwerk, Waffen, Fayencen, Sammlung Baumann, Älteste Klosterküche

Klosterhof 5

Tel. 09861-939043

Geöffnet April bis Okt. 10-17, Nov. bis März 13-16 Uhr

hängt die Glaskapsel mit dem Meßwein im vergoldeten Reliquienkreuz. Im Mittelteil des Altars ist die Abendmahlszene dargestellt.

Wir verlassen die Kirche und biegen unter dem 3. Bauteil durch den Torbogen nach rechts in die Klingengasse, dann gleich wieder nach links und gelangen in den Klosterhof. Hier befindet sich das ehemalige **Dominikanerinnenkloster** aus dem 13./14. Jahrhundert. Heute ist in dem Gebäude das **Reichsstadtmuseum** untergebracht, das einen Einblick gibt in die Vor- und Frühgeschichte, in die mittelalterliche und die Renaissance-Zeit und in den Barock mit Waffen, Steinzeug, Fayencen, Bildern und Münzen. Beeindruckend ist der Bilderzyklus ‚Rothenburger Passion', den Martinus Schwarz 1494 malte.

Von hier aus begeben wir uns gleich rechts in den Klostergarten mit den Kräuterbeeten, den Feld- und Wiesenpflanzen. Wir verlassen den Garten auf der linken Seite und kommen in die Klostergasse, die weiter in das Trompeter-Gässchen führt. Wir gehen entlang der Stadtmauer, die hier nur eine geringe Höhe hat. Der Feind hätte ohnehin Mühe gehabt, hier anzu-

Burggarten Rothenburg

Der Burggarten, mit seiner geometrischen Gartenanlage aus dem17./18. Jhd., zeigt sich vor allem im Frühjahr und Sommer von einer bunt-fröhlichen Seite.

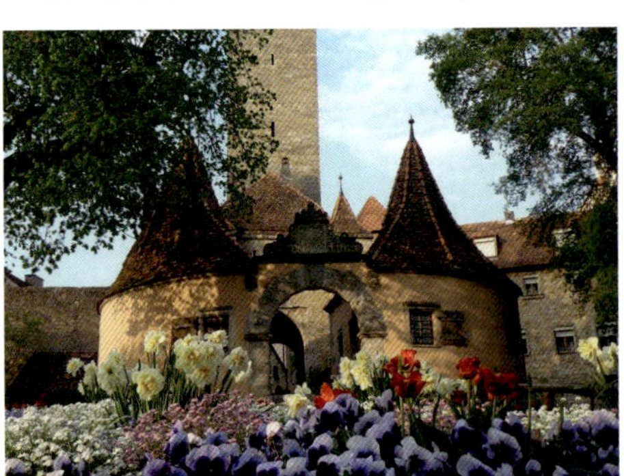

Burgtor am Burggarten

greifen, denn dahinter fällt der Abhang steil in die Tiefe. Wir gelangen in die Herrngasse, die zurück zum Marktplatz führt. Hier stehen stattliche Patrizierhäuser mit beeindruckenden Fassaden, oftmals mit Erkern versehen. Durch die Torbögen können wir einen Blick werfen auf Innenhöfe, wo sich ehemals die Pferdeställe befanden und wo meist auch ein kleiner Garten angelegt ist. Wir gehen nach rechts zum Burgtor und befinden uns im **Burggarten**. Dort aufgestellt sehen wir die Staufer-Stele mit den Namen der Stauferkönige. Wir stehen vor der **Blasius-Kapelle**, die um 1400 an Stelle der zerstörten Burg errichtet worden war. Vor der Kapelle befindet sich ein Denkmal, das an das so genannte Rintfleisch-Pogrom erinnert, bei dem im Jahr 1298 nahezu die gesamte jüdische Gemeinde ausgelöscht wurde. Wir betreten die St. Blasius-Kapelle, der Innenraum ist an zwei Wänden mit Freskenmalerei bedeckt und es gibt eine doppelstöckige Empore. Außerhalb der Kapelle an der rückwärtigen Außenwand sind deutliche Reste der alten Burgmauer zu erkennen. Es sind die für die Stauferzeit mit ihrer Außenwölbung typischen Buckelquader. Wir werfen einen Blick über die Mauer nach unten und erkennen einen Hang mit Weinanbau. Wer das möchte, kann den Burggarten verlassen und unterhalb der Mauer einen Spazierweg entlanggehen, der durch den Weinberg mit Weinlehrpfad führt und dann wieder nach oben leitet, durch die Mauer und beim Kriminalmuseum endet, oder noch etwas weiter geht bis zum Kobolzeller Tor.

Wir verlassen den Burggarten und werfen einen Blick auf das **Torgebäude mit Türmchen** und Bogen. Vielleicht haben Sie das Glück und

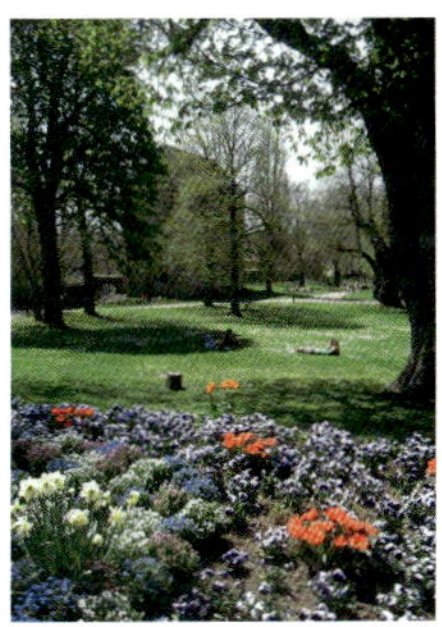

Burggarten

Weinanbau in Rothenburg

mit begehbarem Weinberg und Weinlehrpfad

Informationen in der Weinroute ab Seite 201

Mittelalterliches Kriminalmuseum

Das Rechtskundemuseum zeigt aus sieben Jahrhunderten Instrumente der Folter, des Strafvollzugs, Bücher, Grafiken, Urkunden, Wappen und Siegel.

Burggasse 3

Tel. 09861-5359

Geöffnet Jan./Feb. 14-16, März 13-16, April 11-17. Mai bis Okt. 10-18, Nov. 14-16, Dez. 13-16 Uhr

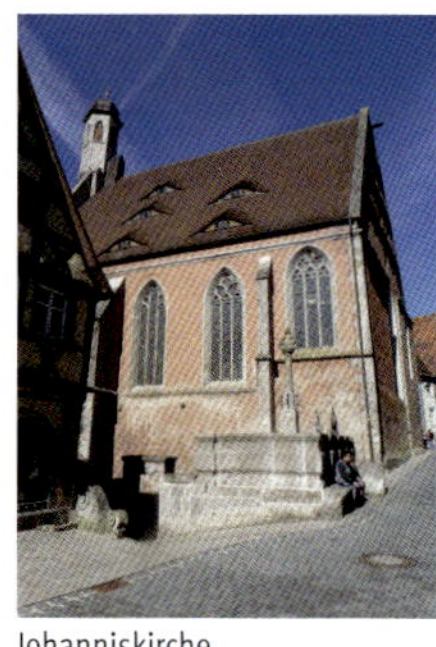

Johanniskirche

Vor dem Kriminalmuseum

ein Flötist hat soeben im Burggarten Volkslieder gespielt, dessen Töne Sie noch eine Weile begleiten. Wir gehen die Burggasse entlang, vorbei an der Trinkstube Zur Höll, deren Keller noch aus dem 12. Jahrhundert stammt und kommen zum ehemaligen **Johanniterkloster**. Hier ist heute das Mittelalterliche **Kriminalmuseum** untergebracht. Gleich anschließend stehen wir vor der **Johanniskirche,** die von 1390 bis 1410 errichtet wurde. Ab 1604, in der Zeit der Säkularisation, wurde die Kirche zu einem Getreidespeicher umgebaut. Sie erhielt eine hölzerne, auf vier mächtigen Steinsäulen ruhende Flachdecke. Im Innenraum beeindruckt das hängende Altarkreuz aus versilbertem Weidenholz. Es zeigt den Auferstandenen, der das Kreuz sprengt und den Tod überwindet. Außen an der Giebelseite der Kirche erkennt man deutlich die vorstehenden Balken, die in der Getreidespeicher-Zeit zum Heraufziehen der Waren dienten.

Wir wenden uns nach rechts in die Untere Schmiedgasse und weiter zur Spitalgasse. Von hier aus kann man noch einen Abstecher machen, vorbei am **Plönlein**, einem Fachwerk-

Plönlein

haus von 1385 und ein sehr beliebtes Fotomotiv, weiter durch den Siebersturm von 1385 und bis zur Spitalbastei aus dem 17. Jahrhundert. Wir kehren um, gehen die Obere Schmiedgasse entlang, rechts vorbei am Gasthaus Roter Hahn – dem ehemaligen Wohnhaus von Bürgermeister Nusch – erreichen den Gasthof Greifen (hier lebte der berühmte Bürgermeister Heinrich Toppler) und stehen bald darauf wieder auf dem Marktplatz.

Exkursion nach Detwang

Detwang wurde 942 erstmals urkundlich erwähnt. 1383 kaufte die Reichsstadt Rothenburg den Ort. In der romanischen **Pfarrkirche St. Peter und Paul** ist das Retabel von Tilman Riemenschneider zu sehen, das die Kreuzigung Jesu darstellt und von 1505-08 entstanden ist. Der Taufstein von 1720 wird von einem auf acht Voluten ruhendem Granatapfel bekrönt. Bei einem Rundgang durch den Ort sehen wir bei Nr. 1 die **Pulvermühle**, im Kern aus dem 16. Jahrhundert. Die **Dorfmühle** bei Nr. 30 wurde im 16. Jahrhundert erbaut. Ihr angeschlossen ist ein ehemaliges Klostergebäude mit mittelal-

Altar Detwang

terlichem Kern. Der Aufbau mit Fachwerkobergeschoss entstand um 1600. Das Haus Nr. 29, ein turmartiger Bau mit Fachwerkobergeschossen, ist das ehemalige **Schloss der Herren von Nortenberg** und stammt im Kern aus dem 15. Jahrhundert. Die **Steinbrücke** über die Tauber wurde 1603 erbaut und nach der Kriegszerstörung erneuert.

Steinsfeld

Ortsteile: Steinsfeld, Hartershofen, Gattenhofen, Bettwar, Endsee, Reichelshofen, Ellwingshofen, Urphershofen, Gipshütte, Chauseehaus, Possenmühle

Von Isolde Nees

Geokoordinaten Startpunkt

Pfarrkirche St. Maria, Steinsfeld
49.420254, 10.214179

Ev. Pfarrkirche St. Maria
Steinsfeld
Geöffnet: täglich

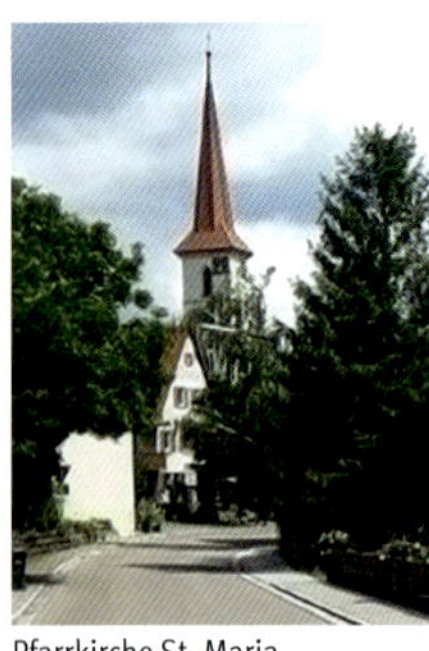

Pfarrkirche St. Maria

Steinsfeld

Das Wappen von Steinsfeld weist mit dem silbernen Löwen und der halben schwebenden Burg auf rotem Grund auf die Adelsfamilien hin, die sich in dieser Gegend niedergelassen hatten. Ein Datum zur Ortsgründung gibt es nicht, allerdings stammt die Kirche aus der Zeit um 1200. Sie wurde im romanischen Stil erbaut und der Muttergottes geweiht. 1321 wurde ein Chor im gotischen Stil angefügt. Zu dieser Zeit wurde auch der Turm um ein Stockwerk erhöht und mit einem spitzen Dach versehen. Mitte des 18. Jahrhunderts erhielt die Kirche eine neue Inneneinrichtung im Stil des fränkischen Barocks. Über dem Eingang der Evangelischen **Pfarrkirche St. Maria** befindet sich ein Tympanon im romanischen Stil, mit dem segnenden Christus im Mittelfeld und zwei vorkragenden Löwen am Beginn des Bogens. Im Inneren beeindruckt das bemalte Holzgestühl mit der über zwei Seiten führenden Holzempore. Direkt über dem Altar ist die Orgel aufgestellt. Sie ist von 1779 und mit einem reich vergoldeten Rocaillegitter umgeben. Die Kanzel stammt aus dem Jahr 1774, ebenso der Taufstein, dessen Deckel als vergoldete Statuettengruppe die Taufe Jesu zeigt. Auf einem der mit farbiger Bemalung versehenen Fenster ist die Verkündigung Marias und auf dem zweiten Fenster der Heilige Georg beim Kampf mit dem Lindwurm zu sehen. Direkt neben der Kirche steht das ehemalige Schulhaus aus der 1. Hälfte des 19. Jahrhunderts, ein stattlicher, massiver Walmdachbau und schräg gegenüber der Gasthof ‚Zum schwarzen Ross', ein Fachwerkbau mit massivem Untergeschoss von 1789.

Bettwar

Der Ort findet erstmals urkundliche Erwähnung als Bettbuwer im Jahr 1330. Zurückzuführen ist der Name auf das althochdeutsche Betpur, worunter ein Bethaus zu verstehen ist. Es gab also eine Kapelle, vermutlich um das Jahr 1000 erbaut, die wohl an einer Pilgerstraße lag und um die dann eine Siedlung heranwuchs. Der Turm der **Evangelischen Kirche St. Georg** stammt in seinem Untergeschoss noch aus dem 13. Jahrhundert. Das Langhaus und die Sakristei wurden im 15. Jahrhundert errichtet. Bemerkenswert ist die Südwand des Langhauses, die durch in Form und Größe verschiedene Fenster abwechslungsreich gegliedert ist. Der wuchtige viereckige Turm hat einen Fachwerkaufbau und auf der Spitze einen Wetterhahn. Das Innere ist mit holgeschnitztem Gestühl ausgestattet und nahezu vollständig erhalten. Die ursprünglichen Flachdecken tragen die Jahreszahlen 1490 bzw. 1491. Auf der hölzernen Empore steht eine klangvolle Barockorgel, die der Ansbacher Orgelbaumeister Christian Gottlob Hubert 1765 geschaffen hat. Im westlichen Chorbogen und um die Nische an der Südwand befinden sich Wandmalereien von etwa 1590. Die Kanzel stammt aus dem 18. Jahrhundert und das Chorgestühl aus dem 14./15. Jahrhundert. Das Altarbild von 1803 zeigt eine Abendmahl-Szene. Darüber im großen Altarbild Jesus am Kreuz; zu seinen Füßen stehen Maria und Johannes. Beim Gang durch den Ort sind etliche sogenannte Wohnstallhäuser, zum Teil im Fachwerkstil erbaut, zu sehen.

Informationen und Prospekte

Bürgermeisteramt Steinsfeld
Schulstraße 9
Tel. 09861 3561

Altar der St. Georg

Pfarrkirche St. Michael

Gattenhofen

Gattenhofen wurde 1147 zum ersten Mal urkundlich erwähnt. Die **Evangelische Pfarrkirche St. Michael** mit ihrem wuchtigen Wehrturm und den historischen Grabmälern an der Außenmauer hat Bauteile des 10. Jahrhunderts, an die im 13./14. Jahrhundert angebaut wurde. Das Gelände mit Friedhof ist von einer mittelalterlichen Wehrmauer mit Grabsteinen umgeben. Das Pfarrhaus stammt von 1777.

Gotthard Modellbahn Steinsfeld-Reichelshofen

Geöffnet Mi+Fr 14-17,
Sa+So 10-17 Uhr

Tel.: 09865-941898

Weitere Informationen bei Kultur-und Freizeit-Tipps Seite 200

Geologie- und Waldlehrpfad am Endseer Berg

Von Steinsfeld aus in Richtung Reichelshofen und hier rechts abbiegend nach Endsee sehen wir an der nächsten Kreuzung nach Hartershausen vor uns den **Endseer Berg** und hier liegt auf der linken Seite ein kleiner Parkplatz, von dem aus wir die Wanderung entlang des Lehrpfades beginnen können. Der Weg hat eine Länge von 4,6 km und ist an 24 Stationen mit Thementafeln ausgestattet, die über Geologie, Wald, Tiere und Natur informieren. Am Endseer Berg befindet sich auch **‚Die Graue Lagune‘**, ein ehemaliger Steinbruch, an dem Gips-Flöz abgebaut wurde.

Endseer Berg

Adelshofen / Tauberzell

Ortsteile: Tauberzell, Adelshofen, Gickelhausen, Großharbach, Haardt, Hautschenmühle, Neustett, Ruckertshofen, Tauberscheckenbach, Uhlenmühle

Von Isolde Nees

Geokoordinaten Startpunkt

Hautschenmühle,
Adelshofen
49.448376, 10.111761

Weinanbau in Tauberzell

mit begehbarem Weinberg und Weinlehrpfad

Informationen in der Weinroute ab Seite 201

„Ortsschild“ Tauberzell

Im Jahr 1238 weist das Chorherrenstift Herrieden ein **Amt Tauberzell** aus und im Jahr 1288 wird im Saalbuch des Chorherrenstifts erstmals der Weinbau zu ‚Taubercelle‘ belegt. Der Name weist auf ein kleines Kloster hin, das sich 1372 auf der rechten Seite der Tauber befand. Zum Kloster gehörte eine Kirche, die unter den Schutz des heiligen Veit gestellt war und die 1802 niederbrannte.

Von Norden her kommend, liegt am Ortseingang das beeindruckende Gebäudeensemble der **Hautschenmühle**. Das Hauptgebäude von 1698 hat Fachwerk im Obergeschoss, einen vorkragenden Giebel, einen leicht vorgewölbten Erker und Eckverzierungen mit Schmuckfachwerk. Die Inschrift ‚Der Stummen Giebel‘

Hautschenmühle

Tauberbrücke

Skluptur „Müller-Knecht"

weist auf die Sage hin, nach der drei stumme Zimmerleute den Giebel errichtet haben. Wir wandern entlang der Tauber abgegrenzt durch ein Mäuerchen, wo wir eine Muschelkalk-Skulptur (1999, Müller-Knecht) entdecken. Wir wenden uns im Ort ein Stück nach links und erreichen das **Landhaus zum Falken**. 1604 entstand der Gewölbekeller, über dem 1613 ein zweigeschossiger Massivbau als Wohnhaus für den Amtmann errichtet wurde. 1648, im 30jährigen Krieg, brannte das Gebäude ab, wurde aber sogleich wieder aufgebaut. 1657 setzte hier das Bierbrauen, das Bewirten und das Herbergen ein, das bis heute Tradition in dem Haus geblieben ist. Dazu gekommen ist ein eigener Weinanbau und eine Imkerei mit Honig für den Frühstückstisch.

Zurück zur Hauptstraße gehen wir vorbei an etlichen hübsch renovierten **Fachwerkhäusern**, wie das Wohnstallhaus von 1788 bei Nr. 25. Auch die Häuser Nr. 17, 18, 20, 22 und 23 sind Wohnstallhäuser, die alle um 1800 entstanden sind. Das eingeschossige Satteldachhaus bei Nr. 16 hat einen verputzten Fachwerkgiebel und stammt wohl aus dem 15. Jahrhundert. Wir erreichen die **Evangelische Pfarrkirche St. Veit**,

Pfarrkirche St. Veit

Hirtenscheune

die 1806 anstelle der abgebrannten Vorgängerkirche errichtet wurde. Es ist eine Saalkirche mit einem kompakten viereckigen Turm an der Ostseite und hölzernen Schnitzverzierungen unter dem Dach. Außergewöhnlich ist die Anordnung der Fenster: schmal und lang im unteren Teil und darüber drei Fenster wie Halbmonde aufgesetzt. Im Inneren sehen wir hell gestrichene hölzerne Einbauten und hinter der Kanzel entdecken wir Reliefs, die noch aus der Vorgängerkirche stammen. Neben der Kirche befindet sich bei Nr. 11 das Pfarrhaus, ein verputztes Walmdachhaus von 1732. Daneben steht bei Nr. 10 ein dreigeschossiger Backsteinbau, der 1870 als **Schule** errichtet wurde, die bis 1960 in Betrieb war. Gegenüber sehen wir das ehemalige Gasthaus zum Ochsen, einen Satteldachbau mit verputztem Fachwerkgiebel und daneben eine Fachwerkscheune. Das Gebäudeensemble wurde im 17. Jahrhundert als Poststation errichtet. Das hohe Kellergeschoss diente als Pferdestall.
Hier gehen wir die Straße hinunter in Richtung Tauber und kommen zur **Hirtenscheune,** einem Steinbau mit Fachwerkaus aus der Zeit um 1850. Die Scheune diente lange Zeit als Schafscheune. Das nebenstehende Fachwerkhaus war das Wohnhaus des Schäfers. Es wird jetzt vom örtlichen Musikverein genutzt. Die Hirtenscheune wurde 1985 zu einer rustikalen Weinstube umgebaut, in der man den Tauberzeller Wein und fränkische Spezialitäten genießen kann. Die Figur aus Muschelkalk, die wir davor aufgestellt sehen, wurde 1994 von drei russischen Steinmetzen aus der Rothenburger Schwesterstadt Suzdal gestaltet und nennt sich ‚Winzer am Abend‘.

Heckenwirtschaft

Tauberzell ist umgeben von Weinhängen mit einer Lage, die den Namen ‚Hasennestle' trägt. Die Weinberge wurden 1982-84 neu angelegt und es wachsen auf 13 ha die Reben Müller-Thurgau, Bacchus, Schwarzriesling und Regent. Oben am Hang kommen wir am Weinbergsweg zum Weinlehrpfad. Hier entdecken wir einen Pavillon und dicht daneben einen **Andachtsplatz** mit einem Altar aus Muschelkalk zum Feiern von Gottesdiensten unter freiem Himmel. Die Motive auf dem Altar zeigen das Opferlamm, die Ähre und die Weintraube. Dort finden auch kirchliche und standesamtliche Trauungen statt. Anmeldung über Gemeinde Adelshofen.

Der Andachtsplatz kann gemietet werden, zum Beispiel für Hochzeiten, und es kann dort auch eine gastronomische Versorgung geben.

Auskunft dazu bei der Gemeinde Adelshofen (Tel.09865/94991) oder im Landhaus zum Falken (Tel.09865 / 941940).

Landturm Großharbach

Exkursion nach Großharbach

Hier steht bei Nr. 16 ein heute noch bewohnbarer **Landturm** der Rothenburger Landhege. Das Turmhaus wurde um 1600 errichtet, hat ein massives Untergeschoss und ein Fachwerkobergeschoss. Weiter können wir etliche Fachwerkbauernhäuser aus dem 19. Jahrhundert entdecken. Die Evangelische Kirche ist ein neugotischer Saalbau mit kleinem Dach-Türmchen und stammt von 1871.

Der im Mittelalter zur Freien Reichsstadt Rothenburg gehörende Landbesitz wurde Landwehr genannt und war mit Hecken und Erdwällen umgrenzt. Die Wallanlagen nannte man Landhege, sie sind heute noch an einigen Stellen sichtbar. Das Land und die Grenzen wurden von Hegereitern bewacht, die Zoll erhoben, auf der Landhege entlang ritten, Gräben und Wälle instand hielten und in den Landtürmen wohnten.

Exkursion nach Neustett

In der Ortsmitte entdecken wir einen Rundturm in auffälliger orangegelber Farbe, einstmals eine mit Windkraft betriebene Ölmühle. Die Mühle wurde 1790 errichtet und vermutlich wurden hier Materialien eines ehemaligen Wartturms verbaut. Im Norden, östlich der Straße nach Freudenbach, steht ein Landhegestein der Wallanlage, vermutlich aus dem 15. Jahrhundert stammend.

Creglingen

Ortsteile: Creglingen, Archshofen, Blumweiler, Craintal, Finsterlohr, Frauental, Freudenbach, Münster, Niederrimbach, Oberrimbach, Reinsbronn, Schmerbach, Waldmannshofen

Von Isolde Nees

Creglingen

Geokoordinaten Startpunkt

Taubertorbrücke, Creglingen
49.470282, 10.030377

Erstmals urkundlich erwähnt wurde Creglingen 1045 in einer Urkunde des Bischofs von Bamberg. Im 13. Jahrhundert ging das Dorf in den Besitz der Grafen von Hohenlohe-Brauneck über und 1349 erhielt Creglingen die Stadtrechte. 1390 starb die Linie Hohenlohe-Brauneck aus, was der Stadt eine wechselhafte Geschichte bescherte. 1791 wurde sie preußisch, 1806 bayrisch und seit 1810 schließlich württembergisch.

Im Schlosserturm gibt es eine Ferienwohnung, die gemietet werden kann.
Tel. 07933/7195

Über die Taubertorbrücke gelangen wir zum Historischen Stadtkern. Rechts am Taubertor-Parkplatz sehen wir den **Schlosserturm**, einen der ehemals 13 Stadttürme, die in die Stadtmauer integriert waren. Es handelt sich um einen sog. Ausblasturm.

Bei einem Ausblasturm wurde die der Stadt zugewandte Seite nicht mit Mauerwerk, sondern mit einer Bretterwand versehen. Im gegenüberliegenden Gebäude war eine Kanone aufgestellt. Falls es dem Feind gelungen war, von außen her die Stadtmauer und den Turm bezwungen zu haben, dann wurde die Kanone abgefeuert, um problemlos die Bretterwand zu durchschlagen und so den Feind ‚auszublasen'.

Links vom Schlosserturm steigen wir den Schlosserbuck steil hinauf und sehen oben links ein ehemaliges Bauernhaus an dessen oberer Ecke ein kleiner Schweinestall mit Futterschütte angebaut ist. Wir erreichen die Torstraße, in der links die 1230 erbaute Evangelische **Stadtkirche** liegt, deren Kirchturm das Stadtbild dominiert. Der Chorraum der im Ursprung spätromanischen Basilika stammt von 1180. Sehenswert im Inneren sind ein spätgo-

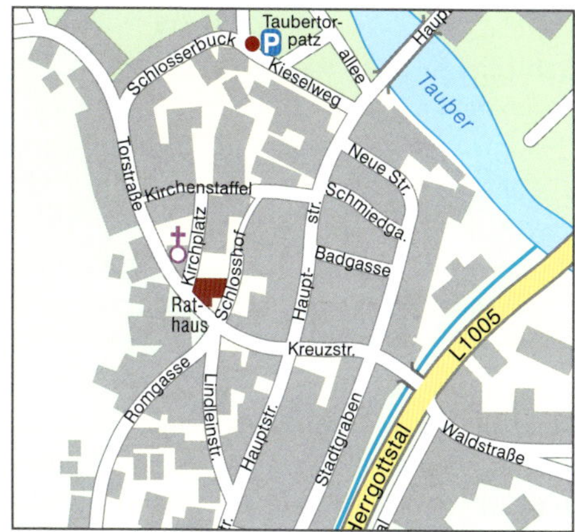

● Routenstart

Stadtkirche

tisches Sakramentshäuschen, sowie die mit Intarsienbildern verzierte Kanzel aus dem 16. Jahrhundert.

Gegenüber befand sich ehemals einer der Stadttürme. Er wurde 1870 abgerissen. Wir steigen die Stufen hinauf und kommen zur Stadtmauer, die hier doppelwandig verläuft. Wir gehen zwischen den Mauern entlang, erreichen ein Podest, schauen hinunter in den **Rosengarten** und sehen dahinter das Haus

Romschlössle

Weinsberg, auch **Romschlössle** genannt, vermutlich weil es am Rom-Pilgerweg lag. Wir betreten den Rosengarten durch einen Durchlass in der Mauer. Der ehemalige Lustgarten erfreut durch zahlreiche stark duftende und reich blühende Rosenbüsche. Wir durchqueren den Rosengarten, biegen nach links und betreten durch einen Torbogen im Torgebäude von 1512 auf der rechten Seite den Innenhof

Blick oberhalb vom Rosengarten

Altes Rathaus

Treppengiebel Kirchenstaffel

des Hauses Weinsberg. 1404 entstand das Schlössle als Wohngebäude derer zu Hohenlohe-Brauneck, das Kellergeschoss stammt noch aus der Erbauungszeit. Die anderen Gebäude wurden später dazu gebaut und erhielten den Fachwerkaufsatz. Heute befindet sich hier ein Kulturzentrum, die Musikschule und die öffentliche Bücherei.

Wir treten aus dem Torgebäude und gehen die Lindleinstraße ein kurzes Stück weiter, wo wir links in der ehemaligen Zehntscheuer die **Alte Posthalterei** von 1790 sehen, die heute ein Event-Lokal ist. Ein kurzes Stück weiter sehen wir links den ehemaligen mittelalterlichen Getreidespeicher mit einem Bruchstein-Untergeschoss und verputztem Fachwerkobergeschoss. Er wurde 1563 erneuert und dient seit 1876 als Schulhaus. Wir gehen die Lindleinstraße weiter und sehen vor uns das **Lenk'sche Haus** von 1590, ein Freihaus, in dem verdiente Bürger kostenfrei wohnen durften. Bei Nr. 16 steht das Rosenfeld-Familienhaus, in dem Arnold Rosenfeld bei einem Pogrom zu Tode kam. Gegenüber betreten wir eine Gasse, an deren Ende der **Lindleinturm** – im Volksmund

Lindleinturm-Museum

Einblick in die Lebensweise der letzten Bewohnerin

Stadtgraben 12
Geöffnet Fr 10-12,
Sa, So 10-12 + 14-17 Uhr
Tel. 07933-7237 (Frau Zink)

Alte Apotheke

Katzenturm genannt – steht. Auf den ehemaligen Stadtturm wurde im 18. Jahrhundert ein Fachwerkhäuschen aufgesetzt. Diesen Turm erwarb 1927 die Bürgerin Margarete Böttiger und lebte hier bis 1995, wo sie 98jährig starb. Der Turm zeigt als Museum, wie die Frau mit ihren zahlreichen Katzen in den kleinen Turm-Zimmern einfach bis ärmlich lebte. Erinnerungen an die alte Zeit können hier aufgefrischt werden.

Wir überqueren die Kreuzgasse und werfen einen Blick auf die **Alte Apotheke**, in einem Bau von 1550 mit seinem Fachwerk und dem malerischen Erkertürmchen. 1726 wurde hier die Hofapotheke eingerichtet. Schräg gegenüber das **Alte Rathaus** von 1739. Wir betreten die Badgasse und kommen vorbei am **Faulturm,** einem Stadtturm in dem ehemals das Gefängnis untergebracht war und in dem man heute eine Ferienwohnung mieten kann. Links bei Nr. 3 liegt das Jüdische Museum, das einen Einblick gibt in das Leben der Creglinger Juden über drei Jahrhunderte hinweg.

Wir biegen nach rechts in die Hauptstraße ein und sehen links das Gasthaus zum Hirschen, das bereits im Mittelalter als Gasthaus bekannt war. Kurz vor dem Taubertorparkplatz, unserem Ausgangspunkt, biegen wir links ein, sehen vor uns ein kleines Fachwerkhaus und dahinter den **Staffelgiebel des Bergfrieds** vom Stadtschloss, das um 1300 entstanden war. Durch den Torbogen können wir den Schlosshof betreten und noch einen abschließenden Blick auf das Ensemble werfen.

1 km südlich von Creglingen erreichen wir die **Herrgottskirche**, die 1389 geweiht wurde. Die Legende erzählt, dass ein Bauer beim Pflügen an dieser Stelle eine unversehrte Hostie fand und bald darauf Wallfahrten einsetzten, sodass die Herren von Hohenlohe-Brauneck beschlossen, hier eine Kapelle zu erbauen. Der Kapellenbau mit seinen Seiten und Ecktürmchen ist außen figürlich reich gestaltet und die Simse unter dem Dach mit Fratzen und Chimären versehen. Im Inneren fällt der Blick sogleich auf den zentral platzierten **Marienaltar**, der von Tilman Riemenschneider zwischen 1505 und 1510 aus Lindenholz geschnitzt wurde. Die Figuren sind unbemalt und es scheint, als würde das Holz zum Sprechen gezwungen. Die Figuren und ganz besonders die zum Him-

Marienaltar der Herrgottskirche

Jüdisches Museum Creglingen

Badgasse 3
Geöffnet So 14-17 Uhr
Tel. 07933-7010

Westportal der Herrgottskirche

Fingerhutmuseum

Fingerhutmuseum Kohlesmühle

Tel. 07933-370
(Brigitte Greif)

mel auffahrende Marienfigur, sind überaus bewegend und voller Innigkeit. Es gibt noch einen bemalten Hauptaltar und Seitenaltäre. Auf der anderen Straßenseite finden wir etwas unterhalb die Kohlesmühle mit dem **Fingerhutmuseum**, das eine umfangreiche Sammlung an Fingerhüten aus allen Erdteilen und vom Altertum bis zur Neuzeit besitzt und wo man alles über die Fingerhut-Geschichte erfahren kann. Wie zum Beispiel, dass man bei Ausgrabungen Nähnadeln aus Elfenbein und Knochenringe als Nähhilfe für den Daumen aus der Zeit von vor ca 30 000 Jahren gefunden hat. Eine Goldschmiede, in der Fingerhüte hergestellt werden, ist dem Museum angeschlossen. Was viele nicht wissen ist, dass Fingerhüte auch eine Vergangenheit als Edelschmuck haben! Eine Goldschmiede, in der noch Schmuck-Fingerhüte für Sammler hergestellt werden, ist dem Museum angeschlossen.

Kloster Frauental ‚Vom Kloster zum Dorf'

Geöffnet von März bis Oktober Mi bis So 14-17 Uhr

Tel. 07933-203554
(Frau Gröger)

Exkursion zum Kloster Frauental

Das im Steinachtal gelegene Kloster Frauental wurde 1232 gegründet. 1547 wurde das Kloster aufgelöst und diente von nun an als Getreidespeicher. Erhalten sind noch das einstige Abteigebäude und die Klosterkirche im romanisch-gotischen Übergangsstil. Auf der ehemaligen Nonnenempore ist die Ausstellung „Vom Kloster zum Dorf" eingerichtet. Gezeigt wird hier der für die Dorfgründung so wichtige Niedergang des Klosters, der die Gründung Frauentals und die landwirtschaftliche Entwicklung erst ermöglichte.

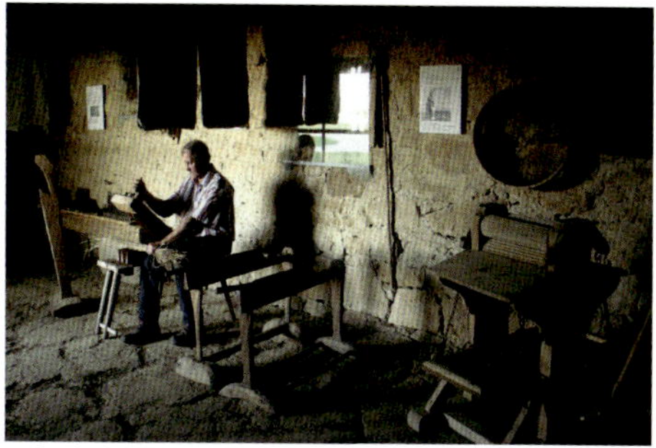

In der Flachsbrechhütte

Exkursion zur keltischen Befestigungsanlage

Etwa 9 km außerhalb von Creglingen entdecken wir bei Finsterlohr-Burgstall ein keltisches Oppidum. Es liegt auf einer Hochebene und war ehemals von einer 5 km langen Ringmauer umwehrt. Nach Westen hin schützte ein Graben-Wallsystem, das heute noch gut sichtbar ist, und eine Pfostenschlitzmauer diese keltische Stadt. Ein Stück dieser Mauer ist rekonstruiert und ist – wie auch ein keltisches Lehmhaus – frei zugänglich. Heute erschließt ein 2,5 km langer Lehrpfad mit 7 Stationen die Anlage in ihrer historischen, funktionellen und kulturellen Bedeutung.

Keltische Befestigungsanlage Finsterlohr-Burgstall

Führungen nach Voranmeldung
Tel. 07933-7825
(Ulrike Kammleiter)

Exkursion zum Schloß Waldmannshofen

In dem Renaissanceschloss, dessen Ursprünge in die Stauferzeit zurückgehen und in dem sehenswerte Stuckarbeiten und Wandmalereien erhalten sind, ist verteilt über 3 Stockwerke ein Feuerwehrmuseum untergebracht. Hier ist die Entwicklung des Löschwesens dokumentiert.

Feuerwehrmuseum Schloss Waldmannshofen

Geöffnet nach Voranmeldung
Tel. 09335-674

Rathaus

Bieberehren

Ortsteile: Bieberehren, Buch, Klingen

Von Isolde Nees

Die erste urkundliche Erwähnung des Ortes mit der Adelsfamilie derer von Biberern erfolgte 1103. Der Name des Drei-Flüsse-Dorfs war Biberaha, was ‚Biber am Wasser' bedeutete. Auch heute tummeln sich wieder zahlreiche Biber in der Tauber, der Gollach und der Steinach. 1359 wurde das Dorf zur Pfarrei erhoben, gehörte zum Stift St. Stephan von Bamberg und wurde 1390 ein Lehen zu Bamberg. 1814 kam Bieberehren zu Bayern. 1908 wurde eine Bahnlinie eingerichtet, die 1970 wieder stillgelegt wurde. Auf den Bahngleisen ist heute der Tauber-Radweg verlegt. Der Ort war ursprünglich von einer Mauer mit drei Toren umgeben. Wenn man die Außenbereiche umwandert, kann man noch Reste entdecken, die in einer Scheune eingemauert sind.

Wir beginnen unseren Spaziergang auf dem Lindenplatz mit dem Brunnen, aus dessen altertümlichen Pumpenschwengel ein kräftiger Wasserstrahl in das Sandsteinbecken plätschert. Hier sehen wir den ersten der so zahlreich hier vorhandenen Bildstöcke. Er wurde 1851 aufgestellt und zeigt ein Relief mit der Darstellung der Dreieinigkeit. Nur wenige Schritte entfernt liegt in der Hauptstraße die **Marienkapelle**, die erstmals 1409 errichtet wurde, 1706 abbrannte und 1738 nach dem Wiederaufbau eingeweiht werden konnte. Der Saalbau mit Satteldach hat einen Dachreiter mit Glockenturm. Im Inneren sehen wir drei Barockaltäre, der Taufstein ist von 1615. Auf der rückwärtigen Empore steht eine Barockorgel von 1739. Bemerkenswert sind auch die in kleinen Teilen unter dem Putz freigelegten Fresken von 1738. Neben der Marienkapelle steht bei Nr. 29 das ehemalige **Pfarrhaus**, ein

Geokoordinaten Startpunkt

Lindenplatz, Bieberehren
49.514368, 10.007323

VGMT-Haltestelle Bieberehren
49.51484, 10.00803

Marienkapelle

Kreuzigungsgruppe

Information Rathaus
Tel. 09338-3783057

verputzter Massivbau mit Walmdach aus dem 18. Jahrhundert.

Weiter die Hauptstraße entlang erreichen wir das historische **Rathaus** von 1612 mit einem massiven Untergeschoss und Fachwerk im Obergeschoss, das Flechtmuster und Andreaskreuze zeigt. Der malerische Bau hat ein Schieferdach mit kleinem Glockenturm. An der Außenmauer entdecken wir das Halseisen des Prangers, der sich ehemals hier befand.

Weiter die Hauptstraße entlang erreichen wir eine **Kreuzigungsgruppe**, die in der 2. Hälfte des 18. Jahrhunderts errichtet wurde. Das Kruzifix aus Sandstein wird flankiert von den Figuren der Maria und des Johannes. Gleich daneben steht die **Katholische Pfarrkirche St. Peter und Paul**. Der Saalbau mit eingezogenem Chor

Pfarrkirche St. Peter und Paul

„Der Bildstock der Gollach kündt's immerdar" Die Sage erzählt, wie der Ritter von Thalberg zusammen mit Tochter und Knecht auf dem Weg zu seiner Burg in Bieberehren war, als ihn ein schreckliches Unwetter erreichte, das in nur kurzer Zeit das Flüsschen Gollach in einen reißenden Strom verwandelte. Obwohl der Knecht vor der Flussdurchquerung warnte, nahm der Ritter selbst die Zügel in die Hand und trieb mit einem bösen Fluch die Rösser in den Fluss, wo die Wogen über dem Wagen zusammenschlugen und den Ritter samt Tochter und Knecht verschlangen.

und Turmwestfassade mit Spitzhelm stammt von 1850-52. Im Inneren sehen wir das Original eines **Bildstocks von 1432**. Eine Kopie des Bildstocks, der den gegeißelten Heiland zeigt, finden wir gleich am Ortsausgang aufgestellt, dort wo die Straße über die Gollach-Brücke führt und wo sich die Geschichte zugetragen haben soll.

Beim Durchwandern von Bieberehren entdecken wir zahlreiche alte gusseiserne Pumpsäulen, etliche Bildstöcke und eine große Zahl von **Marienfiguren**, die meist in Nischen am Obergeschoss der Häuser zu sehen sind. Einen besonders schönen Bildstock aus dem späten

Bildstock in St. Peter und Paul

Bildstock am Ortsausgang

Marienfigur

18. Jahrhundert finden wir am Ortsausgang in Richtung Klingen. Auf dem Reliefaufsatz sind die Vierzehn Nothelfer zu sehen. Über dem Dorf erhebt sich der Weinberg des Winzers Anton Peppel, der hier Müller-Thurgau und Röttinger Feuerstein anbaut.

Wir gehen am Rathaus vorbei, überqueren die Tauber und den Mühlbach und kommen zum Mühlberg. Vor uns liegt eine in den Hang gelegte Treppe, die mit 270 Stufen steil nach oben führt zu einer kleinen Wallfahrtskapelle, dem **‚Käppele auf dem Eulenberg'**. Zu Beginn des Aufgangs sehen wir eine Skulpturengruppe mit einer Darstellung des **Gartens Gethsemane**, wo Jesus in der Nacht vor seiner Kreuzigung betete. Weiter führen 14 Stationen mit Darstellungen des Kreuzwegs nach oben bis zur kleinen Kapelle, die 1850-52 errichtet wurde und ihre

An der Kapelle führt der Wanderweg ‚Liebliches Taubertal' LT 25 vorbei.

Kreuzweg

Skulpturengruppe des Gartens Gethsemane

Wallfahrtskapelle

Entstehung einer Sage verdankt. Die Kapelle ist aus Sandstein erbaut, hat eine Holztür und darüber ein rundes Fenster. An der Vorderwand gibt es zwei Seitentürme und auf dem Spitzdach befindet sich ein kleines Kreuz. Im Inneren sehen wir das große Holzkreuz, das der Sage nach von einem Bauern gestiftet wurde.

Die Sage erzählt von einem Bauern, der sein Feld pflügte, als die Pferde auf einmal störrisch stehen blieben. Mit Schlägen versuchte er sie zum Weitergehen zu bewegen, als sie plötzlich losstürmten und ihn, der sich in den Zügeln verfangen hatte, mitrissen bis zu einer Schlucht, wo sie hinein stürzten. Doch der Bauer blieb unverletzt. Zum Dank stiftete er ein Holzkreuz.

Exkursion zur Kunigundenkapelle

Auf der Straße nach Buch kommen wir zum Alten Berg. Hier hat es bereits seit 3000 vor Christus Siedlungen gegeben, wie Funde bezeugen. Wir stehen vor einer spätromanischen Kapelle, die der Heiligen Kunigunde geweiht ist und die um 1230 als Wallfahrtskirche errichtet wurde. Der Kapellenhof wurde über einen langen Zeitraum als Grablege benutzt. Wir se-

Die Sage erzählt, dass die heilige Kunigunde – Gemahlin Kaiser Heinrich II. – von Bamberg aus drei Schleier im Wind fliegen liess, um dort, wo sie gefunden würden, Kapellen zu errichten. Einer dieser Schleier blieb auf dem Alten Berg bei Burgerroth hängen. Da die Bewohner von Buch eine Kapelle als Pfarrkirche haben wollten, schafften sie die für den Kapellenbau zugerichteten Steine in ihre Gemeinde. Doch am nächsten Morgen befanden sich die Steine wieder auf dem Alten Berg. Das geschah einige Male, selbst ein Zimmermann, der sich in Buch zum Schlafen auf die Steine legte, erwachte am nächsten Morgen auf dem Alten Berg, sodass man einsichtig wurde und die Kapelle auf dem Alten Berg errichtete.

hen etliche dort aufgestellte alte Grabsteine. Hinter der Kapelle befindet sich eine 1000jährige Linde mit einem mächtigen, in der Mitte auseinander gespaltenen Stamm, der trotz seiner Trockenheit etliche junge Triebe aufweist. Alljährlich findet hier am Pfingstmontag eine Wallfahrt mit Kirchenfest statt.

Etwa 100 m von der Kapelle entfernt kann man am Hang eine kleine Felsengruppe entdecken. Hier soll Kunigunde bei der Einweihung der Kapelle gekniet haben. Ein Knie- und ein Handabdruck sind im Stein zu sehen.

Kunigundenkapelle

Röttingen

Stadtteile: Röttingen, Aufstetten, Strüth

Von Jürgen Courtin

Geokoordinaten Startpunkt

Jakobsturm, Röttingen
49.511774, 9.967184

Der fränkische Weinort Röttingen gibt sich historisch (1103 erste urkundliche Erwähnung) mit seiner nahezu komplett bewahrten Stadtmauer (1275 als Bedingung für Stadtrechte) und seinen zahlreichen Fachwerkhäusern. Seit 1345 befand sich Röttingen im Besitz des Hochstifts Würzburg, seit 1803 gehört es zu Bayern.

Am nördlichen Ende der mittelalterlichen **Stadtmauer,** die 1275 erbaut wurde und an der noch sieben gut erhaltene Wehrtürme stehen, parken wir an der ‚Romantischen Straße' und betreten den Ort durch das Stadttor am Jakobsturm. Der Herrnstraße nach Südwesten folgend passieren wir alte Weinhöfe und Bürgerhäuser mit schönem Fachwerk. So auch Nr. 17 das ehemalige **Pfarrhaus** mit Fachwerkobergeschoss von 1602. Wir sehen die **‚Alte Schule'**, einen zweigeschossigen Massivbau mit flachem Walmdach von 1873, seit 2003 Stadtbücherei. Wir biegen links in die Kirchgasse und besuchen die kath. **Kirche St. Kilian**, eine spätromanische Basilika von 1287. Das einschiffige Langhaus geht vom Turm aus, der von spätgotischen Anbauten flankiert wird. Die

Altes Pfarrhaus

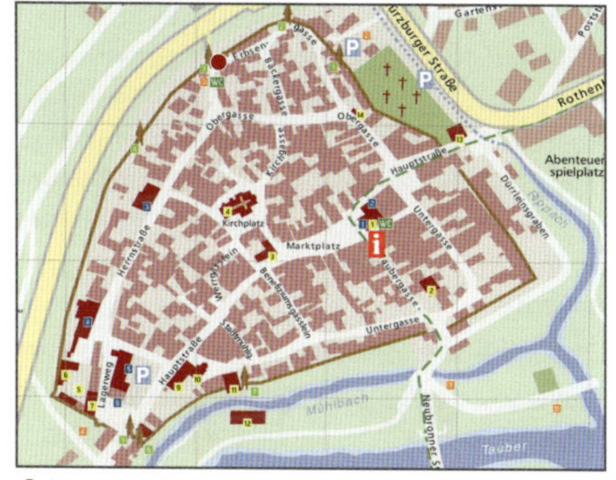

● Routenstart

VGMT-Haltestelle Marktplatz, Röttingen
49.50969, 9.96859

schmalen Fenster auf der Ostseite der Apsis stammen aus der Erbauungszeit, die übrigen spätgotisch von 1495. Das Interieur: barocke Kanzel von 1662, über der Sakramentsnische finden wir eine Kreuzigungsgruppe, um 1600 geschaffen, ein Sandsteinrelief. Sowohl innen als auch außen sind Epitaphe, Grabmale mit Inschriften zu sehen. Angebaut in offener Überdachung die Ölbergkapelle mit überlebensgroßen Sandsteinfiguren aus dem 18. Jahrhundert, außen auch die Elisabethen-Kapelle, das ehemalige Beinhaus aus dem 13. Jahrhundert.

Stadtpfarrkirche St. Kilian

Tourist-Information im Rathaus am Marktplatz

Geöffnet
Mo-Do 9:30-16.30,
Fr 09:30-13 Uhr

Mai bis Ende August:
Mo-Do 9:30-16.30,
Fr 9:30-16.30,
Sa, So, Feiertag 11-14 Uhr

Tel.: 09338 9728-55

Ein kurzer Weg führt zum Marktplatz, an dessen östlichem Ende das barocke **Rathaus** von 1773 steht. Dort befindet sich auch die Tourist-Information. Besucher blicken gerne hinauf zu den kunstvoll geschmiedeten Wasserspeiern an den Ecken des Rathausdaches. Über dem grünen Hoftor prangt das dreiteilige Stadtwappen: in der Mitte die Standarte des zur Erbauungszeit regierenden Fürstbischofs Karl Philipp v. Greiffenclau mit dem „Fränkischen Rechen' und dem Rennfähnlein des Hochstiftes Würzburg. Seitlich der rote Pferdekopf des Freiherren v. Zobel, andererseits der Hl. Georg, der Drachentöter, Schutzpatron Röttingens. Im Dachbereich ist ein kleiner Giebel mit Turmuhr, über dem ein Glockentürmchen mit barocker Schieferhaube ragt. Der Markt ist umrahmt von schönen fränkischen Fachwerkhäusern, die vom Wohlstand der Weinstadt zeugen: **Marktplatz Nr. 2**, ein zweigeschossiger giebelständiger Satteldachbau, im Obergeschoss Fachwerk mit einer Schnitzfigur an der Ecke, die den Apostel Petrus darstellt. **Marktplatz Nr. 10**, die ehemalige Apotheke, ein verputzter Bau in Ecklage mit Fachwerkobergeschoss um 1800 errichtet.

Flohmarkt am Weinfest

Marktplatz mit Rathaus

Spitalkirche

Die Hauptstraße nach Südwesten führt vorbei an Nr. 19, dem ehemaligen **Mädchenschulhaus,** einem dreigeschossigen Satteldachbau mit Fachwerkobergeschoss von 1821. Bei Nr. 20 weist der schmiedeeiserne **Wirtshausausleger** auf das alte Gasthaus zum Kreuz, ein zweigeschossiger Gebäudekomplex mit Fachwerkobergeschoss aus dem 17./ 18. Jahrhundert. Die Hauptstraße bringt uns zum **Julius-Echter-Stift**, ein verputzter Massivbau mit östlichem Voluten - und westlichem Treppengiebel. Daneben die **Spitalkirche** von 1613-15, ein Saalbau mit eingezogenem Chor. Diese ließ der Würzburger Fürstbischof im für ihn charakteristischen Stil bauen. Der Chor zeigt ein netzförmiges Rippengewölbe. Die doppelt gekehlten Rippen ruhen auf Konsolen, zwei mit Wappenschildern, die übrigen als Palmetten gebildet. Der Hochaltar besteht aus einfachem Aufbau mit zwei Säulen, im Giebel die Himmelfahrt Christi, seitlich die Figuren St. Stephan und St. Lorenz. Auf dem südlichen Seitenaltar finden wir eine bemalte Holzplastik von 1470, Madonna mit Kind auf dem Halbmond. Leider ist die Spitalkirche nur zu Gottesdiensten und

Paracelsus-Garten

Burg Brattenstein vom Petzeroth

Seit 1984 bilden jährlich im Sommer der Burghof und die Zehntscheune der Burg Brattenstein die malerische Kulisse für die FRANKENFESTSPIELE Röttingen. Der bereits verstorbene Regisseur des Sommerhausener Turmtheaters, Veit Relin, führte zunächst eine erfolgreiche Reihe von Nestroy-Stücken auf, später erweiterte sich das Repertoire des Freilichttheaters um Musicals, Operetten, Schauspiel und Konzerten, Kindertheater.

Konzerten geöffnet. Ein turmartiger Dachreiter mit Glocke auf dem Dach der Spitalkirche überragt das Ensemble.

Am Neuen Hundheimer Torturm sehen wir auf die leicht erhöht, aber innerhalb der Stadtmauer liegende **Burg Brattenstein**. Die seit 1230 bekannte Ritterburg wurde für die Herren von Hohenlohe gebaut, gehörte aber später neben anderen auch dem Ritter Götz von Berlichingen. Imposant der ehemalige Fruchtspeicher von 1516 mit den burgtypischen rot-weißen Fensterläden. Der südöstlich angeschlossene Bau mit Kreuzgewölbe war im 17. Jahrhundert als Küche eingerichtet. Der Besucher findet im Westflügel Einlass ins Weinmuseum. An der Giebelseite der Burg entdeckt

Der Sonnenuhrenweg führt auf zwei Kilometern entlang der von dem Schlossermeister Kurt Fuchslocher einzigartigen und astronomisch anspruchsvoll erbauten Sonnenuhren.

Sonnenuhr Nähe Tauberbrücke

Sonnenuhr am Jakobsturm

man im Paracelsus-Gärtchen verschiedene Natur- und Heilkräuter.

Außerhalb der Stadtmauer, vorbei an etlichen der 25 unterschiedlichen Sonnenuhren wandern wir in der Naherholungszone am Mühlbachgrund nahe der Tauber auf einem idyllischen Weg. Wir sehen die Schneidmühle (eine Sägemühle), die Stadtmühle und den runden **Mühlturm**, einen zweigeschossigen Bruchsteinbau mit Rampenbrücke ins Obergeschoss von 1838. An der Tauberbrücke steht auf einer Sandsteinsäule die **Figur der Maria Immaculata** von 1759. Die ummauerte Stadt betreten wir über die Taubergasse und stehen vor dem **Hohen Bau**: einem turmartigen Steinhaus aus dem 13. Jahrhundert mit Fachwerkaufsatz, gebaut für den Deutschen Orden. Später bot es der Mätresse des Fürstbischofs Johann nach dessen Tod samt ihren Kindern Quartier.

Je nachdem, ob man in der gefälligen Röttinger Gastronomie übernachtet, fällt auch die obligatorische Weinprobe aus. Wer zum Parkplatz strebt, biegt am Rathaus rechts in die Hauptstraße ein und folgt der Obergasse nach einem Abstecher zur **St. Georgskapelle** von 1588, die, am Friedhof gelegen, den ältesten Bildstock

Paracelsus-Garten

Hier finden sich rund siebzig verschiedene Gewürz- und Heilkräuter, teils als Kultur- aber auch als Wildform.

Maria Immaculata

Spielscheune

Weinanbau in Röttingen

Museumsweinberg, Weinfest und Weinmuseum

Informationen in der Weinroute ab Seite 201

aus den Röttinger Fluren von 1463 beherbergt. Am Abzweig der Erbsengasse steht der **Würzburger Freihof**, ein zweigeschossiger, verputzter Massivbau mit Halbwalmdach von 1733. Die Erbsengasse führt uns zum Jakobsturm, der übrigens eine Ferienwohnung bietet. Direkt nebenan können sich Kinder in der Röttinger Spielscheune, einem „Indoorspielplatz" in einer ehemaligen mit Fachwerk geschmückten Scheune, austoben. Jenseits des Stadttores kann man leicht zum Museumsweinberg wandern (schöner Blick auf die Stadt) oder den Kapellenweg hinauf zum Röttinger Käppele, 1766 von einem Bürger als Dank für seine Errettung aus einem Schneesturm gestiftet.

Tauberrettersheim

Von Jürgen Courtin

Tauberrettersheim

Geokoordinaten Startpunkt

Balthasar-Neumann-Brücke, Tauberrettersheim 49.495901, 9.935332

Weinanbau in Tauberrettersheim

‚Königliches' Weinfest im Mai

Informationen in der Weinroute ab Seite 201

VGMT-Haltestelle Tauberrettersheim

49.49656, 9.93733

Nahe Röttingen liegt direkt an der Tauber der Weinort Tauberrettersheim, der 1103 urkundlich erwähnt wurde. Da der Ort nie befestigt wurde, erlitt er vor allem im 30jährigen Krieg mehrfach Raub und Plünderung. An der Tauberfurt, bei Niedrigwasser kann man kniehoch hindurchwaten, bot sich dem Landesherren, dem Hochstift Würzburg, die Möglichkeit Brückenzoll zu kassieren. Bald entwickelte sich eine wichtige Verkehrsstraße und über die Tauber führte nun eine hölzerne Brücke. Ein Jahrtausend-Hochwasser im September 1732, das im Dorf viel Schaden anrichtete und dem auch acht Menschenleben zum Opfer fielen, riss die alte Holzbrücke weg, die schnell ersetzt werden musste. 1733 ließ der Fürstbischof eine **Steinbrücke** nach Plänen seines Residenz-Baumeisters Balthasar Neumann bauen. Diese sechsbogige, auf halbkreisförmig abgerundeten Pfeilern ruhende Brücke ist 85 m lang, symmetrisch und zur Mitte hin erhöht. Allerdings so schmal, dass nur je ein Fahrzeug passieren kann. In der Brückenmitte erhebt sich die Figur des Hl. Nepomuk von 1716.

Pfarrhaus

Die Mühlstrasse führt zum **Judenhof**, der ehemals als Amts- und Zehnthaus 1307 errichtet wurde. Mehrmals zerstört, wurde der Amtshof 1733 durch ein neugebautes Haus erweitert. 1871 kaufte der Jude Moses Jeidel den Hof, es zogen 12 jüdische Familien ein und er wurde in Judenhof umbenannt. Jahre später konnten Juden auch in anderen Straßen Häuser bauen, sodass 1830 bereits 65 jüdische Familien hier wohnten. Nach gewalttätigen Übergriffen der Waffen SS gab es seit 1940 keine Juden mehr in Tauberrettersheim. Heute residiert im Judenhof das Rathaus.

Wir erreichen über die schmale Judengasse die katholische **Pfarrkirche St. Vitus**, einen Saalbau mit eingezogenem Chor. Der südliche Chorturm mit Zwiebelhaube stammt von 1600, das neugotische Langhaus wurde 1862

Informationen

Gudrun Alka
Tel. 09338-1379
Rathaus, Judenhof 1

Geöffnet Mo 15.30-18 Uhr
Tel. 09338-1070

Pfarrkirche St. Vitus

Bergkapelle Maria Hilf

Kreuzweg

Die Bildstöcke, Beispiele volkstümlicher Handwerkskunst, sind in Stein gehauene Bitt- und Dankgebete und künden von einer besonderen Volksfrömmigkeit. Errichtet nach überstandenem Leid sollen sie vor Not und Gefahr schützen. Auf einem Schaft als Freifigur, in einem Kästchen an den Hauswänden oder in einem Relief finden wir häufig die Pieta, die Immaculata oder die Himmelskönigin. In den Orten zwischen badischem Odenwald, Neckar und Tauberland sind Bildstöcke zahlreich zu finden und gaben dieser Region den Beinamen das Madonnenländchen.

errichtet. In der Brunnenstraße entdecken wir bei Nr. 7 einen Satteldach-Bau mit Fachwerkobergeschoss mit einer Hausmadonna aus dem 18. Jahrhundert. Nr. 13 ist das ehemalige **Pfarrhaus** und daneben die Hoftoranlage mit Rundbogentor stammt aus dem 17. Jahrhundert. Bei Nr. 19 sehen wir ein **Kruzifix und davor eine Schmerzensmutter** aus Sandstein von 1861. Von hier aus gehen wir den **Kreuzweg** mit seinen 14 Stationen hinauf zum Brunnenberg und erreichen die **Bergkapelle Maria Hilf**, einen kleinen Saalbau mit Dachreiter, der 1936 errichtet wurde.

In der Mühlenstraße, direkt an der Tauber, liegt die ‚Äußere Mühle', die 1574 erstmals urkundlich erwähnt wird. Im Schwedenkrieg wurde sie zerstört und 1670-71 wieder aufgebaut. 1899 zerstörte ein Feuer das Gebäude, doch bereits im selben Jahr wurde sie wieder aufgebaut und ist noch heute in Betrieb.

In der Straße ‚Roter Weinberg' entdecken wir einen **Bildstock von 1692** aus Sandstein mit Kreuzrelief und einen **Bildstock von 1739** mit Kreuzbekrönung und Relief des Hl. Urban.

Der Ort ist ringsum von Weinbergen umgeben und der Taubertal-Radweg führt genau hindurch.

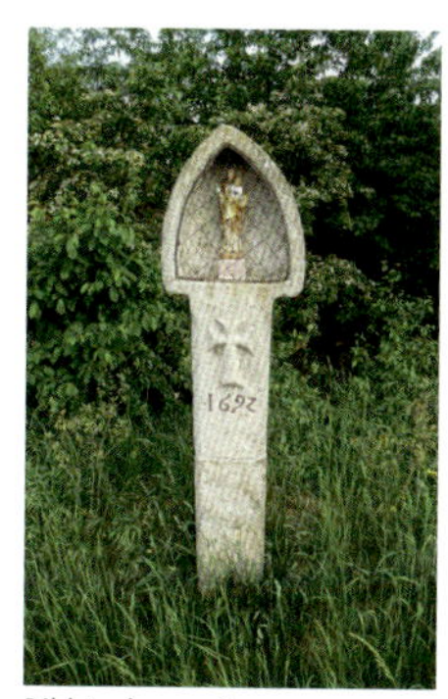

Bildstock von 1692

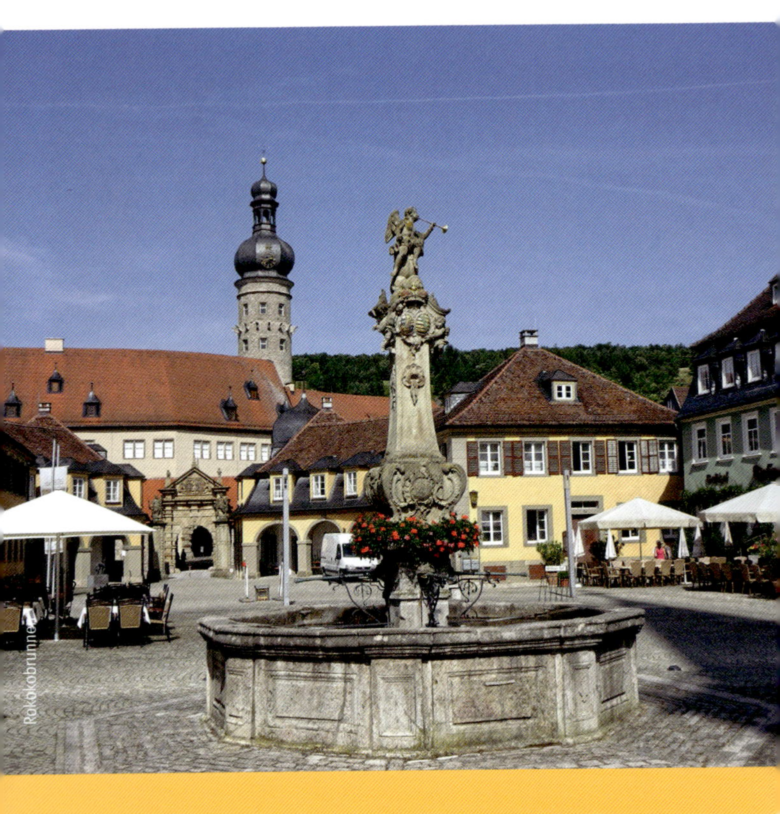

Rokokobrunnen

Weikersheim

Ortsteile: Weikersheim,Elpersheim, Haagen, Honsbronn, Laudenbach, Nassau, Queckbronn, Schäftersheim

Von Verena Maas

Weikersheim wurde erstmals 837 in der Urkunde des Klosters Fulda erwähnt. Um 1314 erhielt der Ort Stadt- und Befestigungsrechte. Im Laufe der Jahrhunderte wurde Weikersheim Stammsitz der Adelsfamilie Hohenlohe und entwickelte sich zu einer kleinfürstlichen Residenz.
Wir beginnen unseren Rundgang am Marktplatz im Zentrum. Dieser bietet ein schönes herrschaftliches Bild und vereint Baustile unterschiedlicher Epochen in harmonischer Weise. In der Mitte des Platzes entdecken wir einen aus Tauberländer Muschelkalk geschaffenen **Rokokobrunnen**. Die Säule des Brunnens ist von Engeln flankiert und zeigt das alte Weikersheimer Wappen. Auf der Säulenspitze thront eine allegorische Figur mit einer Fanfare, die sinnbildlich den Ruf der ehemaligen Stadtherren in die Welt hinaus trägt.
Hinter dem Brunnen befindet sich das Rathaus der Stadt. Es ist ein stattlicher **Mansardenbau**, der früher als Wohnung höherer Hofbeamter diente. Das Gebäude wurde im 18. Jahrhundert von dem Architekten Johann Jacob Börel erbaut. Auffällig ist das barocke, zentrierte

Geokoordinaten Startpunkt

Marktplatz, Weikersheim
49.480720, 9.896748

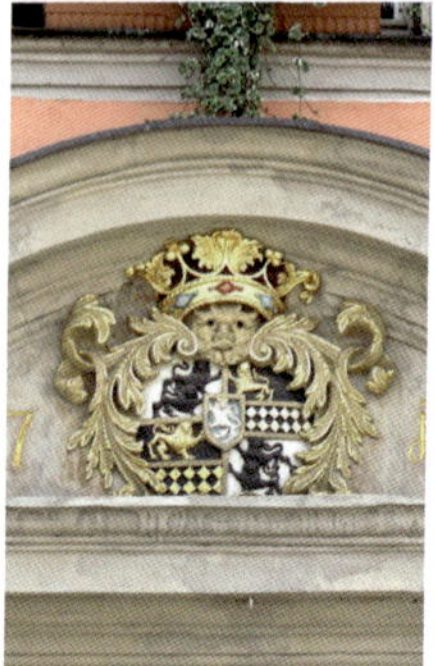

Mansardenbau

Mansardenbau

Zentraler Omnibus-Bahnhof Weikersheim
49.47863, 9.90525

Portal mit Segmentgiebel. In den Giebel eingearbeitet ist das Wappen von Hohenlohe, welches 1711 entstand.

Wir gehen am Rathaus vorbei und biegen in die Straße Am Graben ein. Diese befindet sich rechts neben den Deutschherrenstuben, einem Hotel und Restaurant, welches optisch an den Mansardstil angepasst ist. Wir kommen an einigen alten, romantischen Fachwerkhäu-

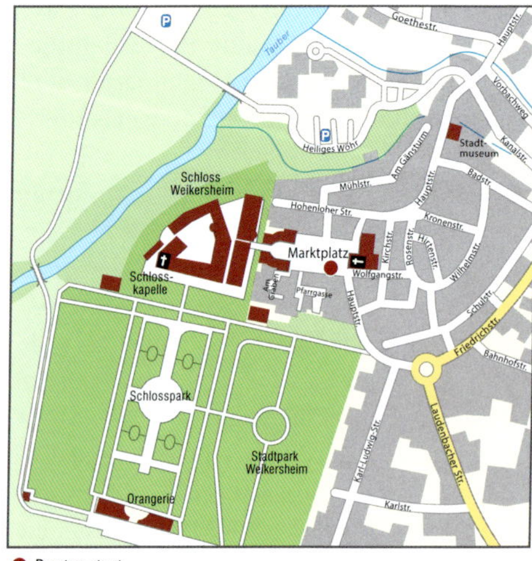

● Routenstart

Spital

Blaue Kappe

sern vorbei und sehen bei Nr. 10 ein steinernes, wehrhaftes Gebäude mit dem Namen ‚**Blaue Kappe**'. Das Gebäude wurde um 1390 mit der Stadtmauer als Befestigungsturm erbaut. Einst diente es als Gefängnis für das Centgericht, das für schwere Delikte zuständig war. Wir kehren um und gehen durch einen Durchgang bei den Deutschherrenstuben hindurch. Rechts werfen wir einen Blick auf ein Fachwerkhaus von 1549, welches durch eine Aufschrift über dem Zugang zum großen Keller erkenntlich ist. Als nächstes gehen wir nach rechts und gelangen durch ein weiteres Tor in den Stadtpark. Nach ca. 20 Metern biegen wir links ab, laufen geradeaus an einem großen Spielplatz vorbei und gelangen durch ein Tor in die Vorstadt. Wir laufen nun vor zur Schulstraße. Bei Nr. 7 sehen wir einen breitgelagerten Barockbau mit Walmdach und Glockentürmchen, das ehemalige **Spital**. Der Bau wurde 1745 errichtet. Das schöne Sprenggiebelportal zeigt das Allianzwappen Hohenlohe und Öttingen.

Wir biegen links in die Wihelmstraße ein. Rechts befindet sich ein Teil der alten Stadtmauer, an der früher der Eiskeller einer Brauerei stand. Links bei Nr. 4 betrachten wir ein **ehemaliges Tagelöhnerhaus**, das vermutlich um 1776 errichtet wurde. Innen befinden sich 2 ehemalige Armeleutewohnungen, die aus Küche, heizbarer Stube und kleiner Kammer bestanden und sehr niedrig gebaut sind.

Wir laufen nach links in die Rosenstraße, die in die Hauptstraße mündet, welche für eine mittelalterliche Straße sehr breit angelegt und leicht abschüssig ist. Bei Nr. 22 sehen wir ein **Zierfachwerk** mit schönem Eckerker und einem Rosenbrunnen aus dem 16. Jahrhundert. Rechts hiervon liegt das Gasthaus „Krone" welches 1732 erbaut wurde und mit seiner in Stein gemeißelten Einweihungsschrift über der Tür einen Bezug zur Stadtgeschichte aufweist.

Zierfachwerk

Hinter dem Gasthaus „Krone" befindet sich das ehemalige Rathaus der Stadt. Es wurde 1567 erbaut, 1864 umgebaut und 1967 grundlegend verändert und enthält den ältesten Wappenstein der Stadt. Wir folgen der Hauptstraße weiter und erblicken links einen alten Fischbrunnen von 1777. Hinter dem Brunnen, bei Nr. 37, erinnern eine geschnitzte Rokokotür sowie ein schmiedeeisernes, barockes Wirtshausschild an den ehemaligen Gasthof „Sonne". Weiter die Straße entlanggehend entdecken wir rechts einen hohen, wehrhaften Turmbau mit einer barocken Zwiebelhaube, den sogenannten **Gänsturm**. Der Turm wurde bereits um 1320 erbaut und bildete das ehemalige untere Tor der Stadtmauer. In der Barockzeit war er mit Helm und einer Glocke versehen, die jeden Freitag zur Steuereinnahme aufrief und ebenfalls das letzte Geläut für Delinquenten verklingen ließ. Heute beherbergt der Turm das

Stadtmuseum im und am Gänsturm

Geöffnet
April bis Okt. So. und Feiertag 13.30 – 17.00 Uhr
Tel. 07934 / 1209

Gänsturm

In Weikersheim befindet sich der Sitz der Jeunesses Musicales, eines gemeinnützigen Vereines mit rund 300 jungen Orchestern und Ensembles. Alle zwei Jahre findet „open air", eine glanzvolle Opernaufführung vor der Kulisse des Weikersheimer Schlosses statt.

Stadtmuseum. Das Museum beinhaltet neben Informationen zur Stadtgeschichte Möbel und Kunst aus dem 20. Jahrhundert. Zudem berichtet es über die bedeutende Rolle der Musik für die Stadt Weikersheim, die aufgrund der Orgelherstellung und Musikförderungen auch „Stadt der Musik" genannt wird.

Beim Verlassen des Gebäudes gehen wir rechts einige Stufen hoch und folgen dem Verlauf der

Seit 2008 beherbergt Weikersheim jährlich von Mitte Mai bis Mitte September eine Skulpturenschau, die auf unterschiedlichen Plätzen figürliche Kunst regionaler Bildhauer ausstellt. Die Skulpturenschau führt den Besucher durch die Altstadt und endet am Kräutergarten am Stadtpark.

Skulpturenrundweg

Stadtmauer. Hier befindet sich ein kleiner Garten mit Grenzsteinen sowie ein Abschnitt des Weikersheimer **Skulpturenrundwegs**. Links neben uns fließt der Mühlenbach entlang.

Wir gelangen in die Kanalstraße. Bei Nr. 6 sehen wir ein modernes Gebäude, vor dem ein großes, altes Mühlrad erhalten ist. Hinter dem Gebäude gehen wir rechts durch ein Tor der Stadtmauer hindurch. Wir kreuzen die Badstraße in die Wilhelmstraße. Bei Nr. 16 erblicken wir einen großen weißen Bau mit Bogenfenster, der ehemals eine Synagoge war. Wir kehren um und laufen links die Badstraße entlang, bis wir wieder auf der Hauptstraße sind. Hier gehen wir durch ein Tor hindurch, was sich neben dem alten Fischbrunnen befindet. Hinter dem Tor biegen wir links ab und laufen an dem einzigen Stadtbauern Weikersheims vorbei, bis wir auf die Mühlstraße treffen und hier rechts abbiegen. Bei Nr. 14 betrachten wir einen großen Fachwerkbau mit massivem Erdgeschoss, Schartenöffnungen und Teilen der Stadtmauer. Wir gelangen auf die Hohenloher Straße, biegen links ab und sehen bei Nr. 11 einen Ziegel- und Sandsteinbau mit Flachdach. Das Gebäude wurde in einem nordischen Stil erbaut, der an Holland erinnert. Wir gelangen wieder zur Hauptstraße, biegen hier rechts ab und werfen einen Blick auf Nr. 16, einen Bau

Stadtkirche St. Georg

Weikersheimer Prinzle

mit schönem Renaissance-Portal, Ludwig-Kasimir-Wappen und Muschelverzierungen über den Fenstern.

Wenige Schritte weiter gelangen wir erneut zum Marktplatz, dem Startpunkt unseres Rundgangs. Wir wenden uns der **Stadtkirche St. Georg** zu, die 1419 erbaut wurde. Die Hallenkirche ist ein spätgotischer, dreischiffiger Bau, dessen runde Fenster ungewöhnlich für die Bauepoche sind und den Hallen viel Licht verleihen. Innerhalb der Kirche links vor dem Gemeindealtar und unter der Empore befindet sich das sogenannte „**Weikersheimer Prinzle**". Es ist eines der ältesten Kinderepitaphe nördlich der Alpen. Zudem befindet sich ein Tympanonrelief von 1425 in der Kirche. Die schmuckvolle Orgel stammt von 1766.

Ebenfalls am Marktplatz befindet sich bei Nr. 8 das **Tauberländer Dorfmuseum**, ein ehemaliger Weinkeller und Kornbau der Hohenloher Grafen. Laut Inschrifttafel auf der Rückwand wurde es bereits 1582 erbaut. Es enthält die größte Sammlung fränkischer Dorfkultur im Tauberland. Zu entdecken sind unter anderem die damalige typische Kleidung der Protestanten und

Weinanbau in Weikersheim

Weikerheimer Kärwe auf dem Festplatz mit ökumenischem Festgottesdienst und historischem Festzug

Informationen in der Weinroute ab Seite 201

Tauberländer Dorfmuseum

Marktplatz
Geöffnet April bis Okt.
Fr, Sa, So und Feiertag
13.30 - 17.00 Uhr
Tel. 07934 / 1209

Tauberländer Dorfmuseum

Katholiken, alte Küchengeräte sowie Ackerbau-Geräte für die Hohenloher Rinderzucht.

Im Fenster des Museums sehen wir eine Kette mit bauchigen Flaschen – den Keulen des Weingutes Carl Schumm. Eine Flaschenform die an den Bocksbeutel erinnert, aber doch beim genauen Hinsehen ganz anders ist.

Nach dem Verlassen des Dorfmuseums gehen wir nach rechts und begeben uns zu dem krönenden Abschluss unseres Rundgangs, dem

Weikersheimer Schloss

Jedes erste Wochenende im Juli findet im Zuge des Hohenloher Kultursommers ein ***Musikfest*** *auf Schloss Weikersheim statt. Neben einer vielfältigen Auswahl an Konzerten bietet es seinen Besuchern ein Abschlussfeuerwerk vor dem einmaligen Hintergrund des barocken Gartens und der Orangerie. Zusätzlich lädt am gleichen Wochenende ein* ***Kunsthandwerkermarkt*** *Besucher zu einem Bummel zwischen zeitgemäßer sowie traditioneller Kunst und Handwerk ein. Der Markt ist ebenfalls im Schloss sowie auf dem Marktplatz und im Rathaus angesiedelt.*

prächtigen **Weikersheimer Schloss.** Um 1600 wurde das Schloss von Graf Wolfgang II von Hohenlohe zunächst als Wasserburg errichtet. 1708 wurde das Schloss im Renaissancestil von Graf Carl Ludwig von Hohenlohe ausgebaut, der dem Gebäude auch barocke Elemente verlieh. Nachdem 1756 die Linie Hohenlohe-Weikersheim endete, blieb das Schloss größtenteils unbewohnt und lag über 250 Jahre lang im „Dornröschenschlaf". 1967 wurde es von der Regierung Baden-Württembergs erworben.
Im 2. Stock befinden sich die Wohn- und Gästeräume der ehemaligen Grafen. Die Zimmer enthalten kostbare Möbel, edle Stuckverzierungen im Rokoko- und Barockstil sowie wertvolle Teppiche. Das **Spiegelkabinett** der Fürstin Elisabeth Frederike Sophie, einer der aufwändigsten Räume im Schloss, zählt zu den ältesten Spiegelkabinetten Deutschlands. Es enthält fast 400 kostbare Figurinen, die hauptsächlich aus China, zum Teil aber auch aus Japan stammen.
Im 1. Stock befindet sich der **Rittersaal**, das Prachtstück des Schlosses. Boden, Stuck und Decke sind ca. 400 Jahre alt und stammen aus

Schloss und Schlossgarten Weikersheim

Die Innenräume von Schloss Weikersheim sind nur im Rahmen einer Führung zu besichtigen.

Geöffnet April bis Okt.
9.00 - 18.00 Uhr
Nov. bis März 10.00 - 12.00 und 13.00 - 17.00 Uhr
Tel. 07934 / 99295-0

Der Schlossgarten Weikersheim ist ohne Führung zugänglich.

Rittersaal

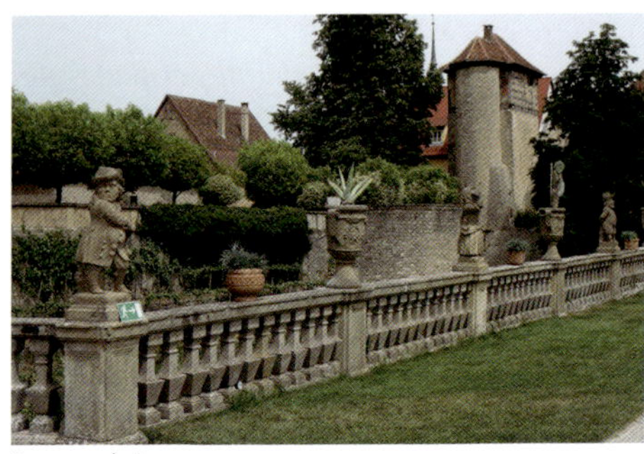

Gnomengalerie

der Rokoko-Zeit. Der Raum ist mit zahlreichen Stuckplastiken versehen und der Sockel des Raumes ist mit Schlössern bemalt. Über dem Eingang zum Rittersaal ist eine großflächige Musikerempore zu sehen. Noch heute wird diese für Konzerte unter anderem im Rahmen des Hohenloher Kultursommers genutzt.

Ebenfalls eindrucksvoll innerhalb des 1. Stockes sind die evangelische Hallenkirche, sowie zwei reich mit Stuckdecken verzierte Räume. Beide Räume zeigen jeweils sechs Szenen aus dem antiken Rom.

Wir verlassen das Schlossgebäude und begeben uns über eine Brücke in den prachtvoll angelegten Barockgarten, der durch symmetrische Wege gekennzeichnet ist. Am Eingang begegnet uns direkt rechts und links auf den Balustraden die **Gnomengalerie Schloss Weikersheim,** eine Reihe von karikaturistischen Zwergenfiguren aus gelblich-grünem Sandstein. Wir gehen weiter in den Schlossgarten hinein und betrachten den barocken **Herkulesbrunnen** in der Mitte. Am Ende des Barockgartens befindet sich die Orangerie, die eine glanzvolle Theaterkulisse darstellt.

Schlossgarten

‚Garten des Jahres 2013'

Rund um den Barockgarten warten noch weitere Gartenerlebnisse: etwa der Obstgarten mit seinen historischen Obstbäumen, der romantische Rosengarten, der Stadtgarten mit alten Bäumen und im Sommer der Alchemie- und Hexengarten.

Der Schlossgarten ist ohne Führung zugänglich.

Herkulesbrunnen

Exkursion: Rundweg Naturschutzgebiet „Steinriegellandschaft im Mutzenhorn"

Ausgangspunkt: Parkplatz an der Kreisstraße nach Bronn, Länge: ca. 4 km

Das zwischen Weikersheim und Elpersheim gelegene Naturschutzgebiet lädt mit seinem neuen, beschilderten Rundweg zu einem Spaziergang ein. Früher wurde die Kulturlandschaft mit den sonnigen Hängen und Steinriegeln für den Wein- und Ackerbau genutzt. Das Klima der Steinriegel bietet einen idealen Lebensraum und Unterschlupf für zahlreiche Pflanzen- und Tierarten. 120 Vogelarten sowie Reptilien und Insekten lassen sich beobachten.

Steinriegel Mutzenhorn

Laudenbacher Bergkirche

Exkursion: Planetenweg Weikersheim
Ausgangspunkt: Parkplatz Heiliges Wöhr,
Länge: ca. 14 km
Der schön beschilderte Planetenwanderweg führt zu einer Sternwarte. Von dieser aus kann man – nicht nur bei Nacht – den Sternenhimmel und seine Planeten durch ein großes Teleskop betrachten. Hierbei sind die Beobachtungsabende der Sternwarte zu beachten – die Sternwarte ist nicht immer zugänglich.

Exkursion zur Laudenbacher Bergkirche
Die im Laudenbacher Bergwald gelegene Marien-Wallfahrtskirche ist seit über 700 Jahren Ziel vieler Pilgergruppen. Sie ist mit ihren reich verzierten gotischen Portalen im Langhaus sowie dem Wallfahrts-Vesperbild, einer um 1410 entstandenen Pietà, sehenswert. Darüber hinaus sind Gemälde aus der Zeit um 1600 sowie eine bedeutende Alabaster-Tumba von 1659 vorhanden.

Niederstetten

Ortsteile: Niederstetten, Adolzhausen, Herrenzimmern, Oberstetten, Pfitzingen, Rinderfeld, Rüsselhausen, Vorbachzimmern, Wermutshausen, Wildentierbach

Von Verena Maas

Rathausbrunnen

Niederstetten wurde erstmals 780 urkundlich erwähnt und erhielt 1367 von Kaiser Karl IV die Stadtrechte.
Wir starten unseren Rundgang am **Rathaus**, Albert-Sammt-Straße 1, einem mit Zwiebelhaube versehenen, dreigeschossigen Gebäude aus altem Muschelkalk und neuem Fachwerk von 1950. Da Niederstetten im 2. Weltkrieg mehrheitlich zerstört wurde, gilt das Gebäude für den Ort als Symbol des Wiederaufbaus. Direkt vor dem Bau befindet sich der **Rathausbrunnen**, der die Stadtsage des ‚Steidemer Männle' darstellt und das Streben nach Rechtsfrieden symbolisiert.

Der Sage nach liebte ein Knecht die Tochter eines Bauern und erschlug diesen, um mit seiner Geliebten zusammen sein zu können. Nach dem Mord floh der Knecht in Richtung der Kirche, da er dort nicht belangt werden konnte. Bevor er bei der Kirche ankommen konnte, wurde er jedoch gefasst und für seine Bluttat gezweiteilt.

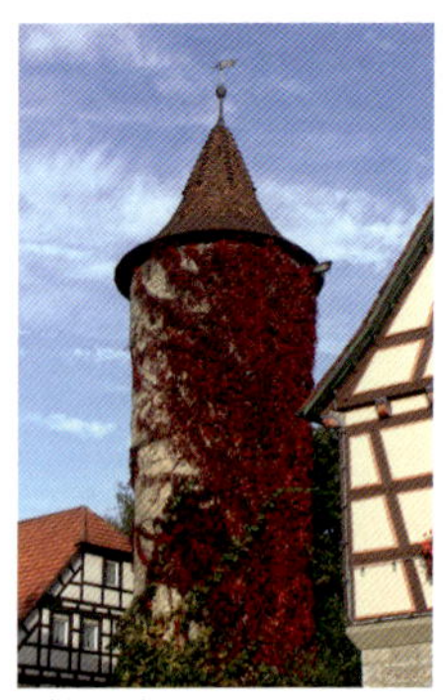
Schimmelturm

Neben dem Rathaus steht der historische ‚**Schimmelturm**' aus dem 15. Jahrhundert, mit einem Eingang auf 6,7 Metern Höhe. Früher diente der Turm zum Schutz und zur Befestigung der Stadt. Wir laufen ein Stück der Langen Gasse entlang. Bei der Kreuzung mit der Schimmelturmgasse schauen wir nach rechts. Auf einem Hügel ist von weitem das **Schloss Haltenbergstetten** zu sehen. Dieses ist eng mit der Stadtgeschichte verbunden und geht auf eine mittelalterliche Befestigungsanlage aus dem frühen 13. Jahrhundert zurück. Das Schloss ist mit Mauern aus der Stauferzeit versehen und erhielt von 1550-1572 Formen

Schloss Haltenbergstetten

der Spätgotik und Frührenaissance. Früher beherrschte die mittelalterliche Burg, welche außerhalb des heutigen Stadtzentrums liegt, das Tal. Bei der Burg befand sich das Zentrum des Handels, in dessen Nähe sich Handwerker und Wirte ansiedelten. Das Schloss war viele Jahre im Besitz der Herrschaftsdynastien von Rosenberg und Hatzfeld. Seit 1803 gehört das bis heute bewohnte Schloss den Fürsten von Hohenlohe-Jagstberg und ist für Besucher unzugänglich. Wir laufen nun die Lange Gasse entlang, die mit großen und kleinen Steinen schön bepflastert ist. In der Lange Gasse befinden sich der älteste Platz sowie das Zentrum der Stadt. Links bei Nr. 3 sehen wir das **Gasthaus zur Krone**, welches zu Kriegszeiten abgebrannt ist und danach als Hotel-Gasthof restauriert wurde. Das restaurierte, schmiedeeiserne Schild von 1460 wird durch das Wap-

Geokoordinaten Startpunkt

Rathaus, Niederstetten
49.6114752, 10.16716003

Gasthaus zur Krone

Gasthaus zur Krone mit Brunnen und Skulpturen

pen von Hatzfeld geziert. Wir folgen der Langen Gasse weiter und erblicken links einen **Brunnen** sowie **Skulpturen**, die einen Bezug zur Stadtgeschichte aufweisen. An dem alten Brunnen wurden früher Vieh und Pferde getränkt. Bis Ende 2013 gab es auch einen Schweinemarkt, der durch Bronze-Plastiken nachgestellt wird. Abgebildet sind ein Händler sowie ein Bauer, welcher ein Schwein in seinen Armen trägt. Die Skulpturen stammen von dem zeitgenössischen Bildhauer Karl-Ulrich Nuss. Wir gehen weiter geradeaus und erblicken die alte **Stadtpfarrkirche St. Jakob**, zu der ein freistehender Kirchturm mit angrenzender Treppe gehört. Am Ende unseres Rundgangs werden wir die Kirche genauer betrachten. Der Kirchturm enthält für die Stauferzeit typische, keltische Pfortenlöcher und wurde im Mittelalter als Wehrturm genutzt. Den Turm zieren eine Lilie als Symbol für Maria, schöne Friese, Arkaden, sowie ein Giebeldach mit Kreuz. Über den Arkaden ist das ‚Steidemer Männle' zu erkennen, was nachträglich von einem Künstler erschaffen wurde und ebenso wie der Rathausbrunnen an die Stadtsage erinnert.

Wir biegen rechts in die Hauptstraße ein. Links bei Nr.39 befindet sich das Geburtshaus von Bruno Stern (1912-1981), welcher durch Bücher mit Jugenderinnerungen einen Beitrag zur jüdischen Geschichte der Stadt leistete. Wir gehen weiter geradeaus. An der Kreuzung mit der Erbsengasse erblicken wir rechts einige ca. 500 Jahre alte Fachwerkhäuser, die die einstigen Wohnverhältnisse im Ort zeigen. Hinter den Häusern befanden sich früher Stadtbefestigungen sowie ein Stadttor. Ebenfalls in der Hauptstraße bei Nr. 52 ist das **Albert-Sammt-Zeppelin-Museum** angesiedelt. Es bildet anhand von Großfotos und Original-

Information

Rathaus
Albert-Sammt-Str. 1
Tel. 07932-6066712

Zentraler Omnibus-Bahnhof Niederstetten
49.39708, 9.91914

Stadtpfarrkirche St. Jakob

Albert-Sammt-Zeppelin-Museum

Hauptstraße 52
Tel. 07932-60032

Geöffnet: Mo 16.30–19.30, Di 12–14, Mi 10–11.30, Do 10–11.30 + 15–18, Fr 10–11.30 + 15 – 17.30 Uhr

Albert-Sammt-Zeppelin-Museum

exponaten die Geschichte der Zeppelin-Luftfahrt ab, mit welcher Albert Sammt, der letzte deutsche Luftschiffkapitän und Ehrenbürger der Stadt, eng verbunden war. Hinter dem Zeppelin-Museum befindet sich der ehemalige Niederstettener Schlossgarten. Im Tempele, einem mit Wald umgebenen Ausläufer der einstigen Schlossgartens, finden alle zwei Jahre im Juli und August Freilichttheaterspiele statt.

Wir laufen die Hauptstraße zurück und biegen rechts in die Torgasse ein. Auf der linken Seite befindet sich der **Seeturm**, ein ehemaliger Wehrturm der mittelalterlichen Stadtbefestigung. Wir biegen links in die Seestraße ein, an der rechts der Vorbach entlangfließt. Der Straße entlang folgend, kommen wir an einem alten gelben Hofgärtnerhaus vorbei. Vor dem Fuchsturm, der ebenfalls ein ehemaliger Wehrturm ist, folgen wir links einem Pfad, der uns durch ein Tor der Stadtmauer und eine Treppe hoch führt. Von der Stadtmauer ist nur noch wenig erhalten. Der noch am besten erhaltene Teil der Stadtmauer kann vom Vorbach kommend, in einem kleinen Innenhof rechts hinter dem Pfarrhaus entdeckt werden.

Mörike-Gedenkstube

Geradeaus gelangen wir zur Stadtkirche St. Jakob und betrachten nun das Bauwerk von innen. Das Prunkstück der um 1200 entstandenen, romanischen Kirche ist der spätgotische Flügelaltar, welcher die Ostergeschichte und Kreuzigung Jesu darstellt. Zur Ausstattung gehören ebenfalls eine Kirchglocke aus dem 15. Jahrhundert sowie die Grabmäler der Herren von Rosenberg.

Exkursion nach Wermutshausen

In einem Pfarrhaus von 1800 ist die **Mörike-Gedenkstube** anzutreffen. Diese erinnert an den bekannten deutschen Dichter und dessen achtmonatigen Aufenthalt 1943/44 bei seinem Freund, dem Pfarrer Wilhelm Hartlaub. In einem ehemaligen Kelter von 1803 ist das **Kelter- und Weinbaumuseum** untergebracht. Mehr als 200 Exponate stellen die Geschichte des Weinbaus in Niederstetten dar und berichten von dem harten Arbeitsalltag der Weingärtner.

Mörike-Gedenkstube

Wermutshausen 25
Öffnungszeiten nach
Anfrage: Tel. 07932-8880
(Fam. Sieber)

Igersheim und Bad Mergentheim

Igersheim

Ortsteile: Igersheim, Bernsfelden, Harthausen, Neuses, Simmringen

Von Robin Markowski

Igersheim wurde 1090 in einer Schenkungsurkunde des Klosters Comburg erstmals urkundlich erwähnt. Im Lauf der Jahrhunderte waren die Geschicke Igersheims und seiner Teilorte Bernsfelden, Harthausen, Neuses und Simmringen eng mit dem Geschlecht des Hauses Hohenlohe und dem Deutschen Orden mit Sitz auf Burg Neuhaus verknüpft.
Wir starten unseren Rundgang auf dem **Möhlerplatz**. Hinter dem Brunnen mit schlichtem Brunnenstock und vier Wasserspeiern sehen wir das **Alte Rathaus**, 1626 erstmals erwähnt. Es wurde als zweigeschossiges Gebäude mit Satteldach und Glockentürmchen errichtet und war bis 1968 Sitz der Gemeinde. Das daneben liegende Gebäude Möhlerplatz 2 beherbergte ehemals die Post und davor diente es als Badstube. Die Parkplätze vor dem heute dreistöckigen traufständigen Gebäude mit der Darstellung der Hl. Familie in der Fassade waren früher die Viehschwemme (Weed). Vor dem Haus erinnern im Gehwegbereich ‚Stolpersteine' an die Deportation jüdischer Mitbürger. Das gegenüber liegende **Neue Rathaus**, 2014 generalsaniert und erweitert, geht mit der vorge-

Geokoordinaten Startpunkt

Möhlerplatz, Igersheim
49.493239, 9.8168086

Tourist-Information
Möhlerplatz 9
Tel. 07931/497-0

Rathaus nach Umbau 2014

blendeten Fachwerkfassade und historischen Elementen im Inneren auf den ‚Birlinhof', den Sitz des letzten Ritters des Ortsadels Birlin, zurück. Die noch erhaltenen Gewölbekeller, Teile der Grundmauern und Fundamente entstanden um 1260. Der Birlinhof ging 1368 an das Stift Neumünster/ Würzburg über und war fortan mehr als 400 Jahrhunderte ein Pfarrhof. Der Inschriftstein rechts im Rathaus-Eingang aus dem Jahr 1699, der früher das Portal nach oben abschloss, trägt das Bildnis des Neumünsterpatrons mit den Symbolen Adler und Kelch. Wir gehen in die Mühlgasse weiter und folgen dem Rechtsknick. Rechts blicken wir auf das unauffällige Gebäude Mühlgasse 24, einst die Deutschordenskäserei. Hier lebte von 1942 bis 1966 Dao Jun Zhi Ming, genannt ‚Tao Chün'. Vor dem Gebäude biegen wir nach rechts in das ‚Heeragängle' ab und laufen bis zur Frühlingstraße, dort rechts bis zur Burgstraße, wo wir uns nach links wenden und nach wenigen Metern vor dem **Kath. Pfarrhaus** stehen. Das imposante Gebäude mit der beidseitigen Aufgangstreppe wurde 1754 im französischen Mansardenstil erbaut. Es diente seit 1789 als

Dao Jun Zhi Ming (1882-1966), genannt „Tao Chün", mit bürgerlichem Namen Martin Steinke, war deutscher buddhistischer Mönch und Schriftsteller. 1937 begründete er die Buddhistische Gemeinde in Berlin. 1943 zog Tao Chün nach Igersheim, lebte bis kurz vor seinem Tod hier und empfing zahlreiche Besucher aus aller Welt, wie z.B. Prof. Dr. Carl Friedrich von Weizsäcker.

Katholisches Pfarrhaus

Sitz des Amtmanns des Deutschen Ordens bevor 1823 das katholische Pfarramt einzog. Wir laufen nun die Burgstraße hoch und passieren auf der rechten Seite bei Nr. 22 die ehem. Igersheimer Synagoge, erstmals 1779 errichtet, 1832/33 abgebrochen und neu aufgebaut. Um die Jahrhundertwende wurde die Synagoge aufgelöst. Im gewölbten Keller befand sich wahrscheinlich eine Mikwe (Frauenbad). Nach

VGMT-Haltestelle Bahnhof, Igersheim
49.49335, 9.81319

● Routenstart

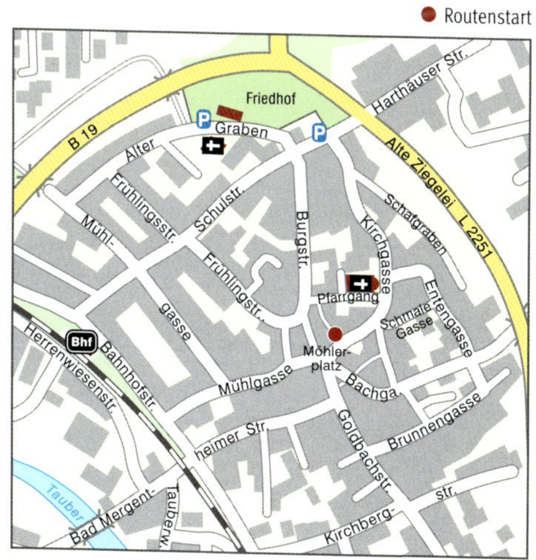

Kulturhaus

wenigen Schritten kommen wir zur Kreuzung Burgstraße/Schulstraße. Halblinks über dem früheren Eingangsportal des 1912 erbauten Schulgebäudes der heutigen **Johann-Adam-Möhler-Schule** ist die Inschrift „Wissen und Tugend, zieret die Jugend“ zu lesen. Der Querbau wurde 1954 angefügt. Im Kreuzungsbereich sehen wir einen Bildstock gegenüber der Grundschule mit dem Motiv ‚Maria Hilf‘ (Maria mit Jesuskind auf dem Arm). Auf dem Sockel erhebt sich eine nach oben windende Säule, auf der die Bildtafel Platz findet. Wir biegen nach wenigen Metern rechts in die Kirchgasse ein.

Von hier sind es nur wenige Schritte zur **St. Michaelskirche**. Wir passieren vorher rechts die ehemalige Zehntscheune, die auf den Grundmauern eines früheren Beginenklosters aufgebaut ist. Die Schießscharten entlang der Scheune zeugen heute noch von der Wehrhaftigkeit dieses Gebäudes. Sie ist baulich verbunden mit dem **Kulturhaus**, Pfarrgang Nr. 3, das auf das 16. Jh. zurückgeht. Das Gebäude mit hoher Freitreppe und Dachgaube beherbergt im Dachgeschoss das Heimatmuseum der Gemeinde. Zu sehen ist die komplett erhal-

St. Michaelskirche

Heimatmuseum im Kulturhaus

Figur in St. Michaelskirche

tene Schuhmacherwerkstatt aus den 1920er Jahren und viele Zeugnisse handwerklichen und bäuerlichen Lebens.

Nach der Scheunen-Hocheinfahrt geht es den schmalen Gang zwischen der früheren Zehntscheune und der Kirche bis zum Treppenaufgang. Die Pfarrei von St. Michael stand immer in einem besonderen Verhältnis zum Stift Neumünster in Würzburg. So kommt dieses 1108 durch Tausch in den Besitz der Güter in Igersheim. Im Innern von St. Michael ist heute noch starkes Mauerwerk zu sehen, das vermutlich zu der Kirche des ehemaligen Beginenklosters gehörte. 1576 wurde eine neue Kirche gebaut, 1728 erfolgte der nächste Umbau mit Zwiebelturm und barocker Außenfassade, 1880 erhielt sie ihr heutiges Aussehen mit größerem Grundriss und einem um zwei Stockwerke erhöhten Turm. Die Buntglasfenster in den Seitenschiffen stammen von Gemeinderäten, die ihre Namenspatrone darstellen ließen. Im Innern befinden sich noch Kulturdenkmäler aus der alten Kirche wie die spätgotische Madonna oder die Kreuzigungsgruppe an der Chorwand und im Eingangs-

Heimatmuseum Igersheim
Pfarrgang 3, geöffnet
So u. feiertags 14-17 Uhr
Tel. 07931/3617

Geburtshaus von Johann Adam Möhler

bereich ein Denkmal Johann Adam Möhlers. Links an der Außenwand sehen wir einen Bildstock von 1617. Unter der Kreuzigungsgruppe kniet das Ehepaar Lang, darunter die 18 Kinder in einer Doppelreihe.

Wir verlassen die St. Michaelskirche durch den Haupteingang und halten uns links entlang des Kirchenschiffs zur Kirchgasse. Dort stoßen wir bei Nr. 14 direkt auf das ehemalige **Frühmesshaus**. Auf den Grundmauern dieses aus dem 15. Jh. stammenden Hauses wurde 1830 das jetzt bestehende aufgebaut. Typisch die klassizistische Verzierung an der Eingangstür aus der damaligen Zeit. „Gott schütze das ehrbare Handwerk" lesen wir auf dem Fachwerkgiebel des gegenüber stehenden ehemaligen 2. Schulhauses der Gemeinde, das 1832 sein jetziges Erscheinungsbild erhielt. Gegenüber der Weinlaube steht das 3. Schulhaus Igersheims, heute Heim des DRK Ortsvereins, das 1873 bis 1914 als Schule genutzt wurde. Auf der Rückseite dieses Gebäudes befindet sich im öffentlichen WC in einem Gewölbebogen ein Schlussstein, der das Wappen des Amtmanns von Burg Neuhaus, Nicolaus von Vehe, zeigt. Wie der Wappenstein in dieses Haus kam, ist ungeklärt.

Es geht zurück zur Kirchgasse und links zum Möhlerplatz, den wir überqueren. Im Kreuzungsbereich Goldbachstraße/Bad Mergentheimer Straße steht das **Geburtshaus von Johann Adam Möhler** aus dem 16./17. Jahrhundert. Der imposante Treppenaufgang des zweistöckigen Gebäudes mit Walmdach führte früher in den Gastraum des ehemaligen „Schwarzen Adlers“, heute ist das Haus in Privatbesitz. Wir laufen die Bad Mergentheimer Straße weiter und verlassen den früheren Ortskern, überqueren die Bahnlinie und biegen gleich links in den Tauberweg. Wir passieren das Bürgerhaus, 1935/37 als HJ-Heim mit Turnhalle errichtet. Es geht den Tauberweg entlang der Hochwasserschutzmauer bis zur **Taubermühle**, erstmals 1308 erwähnt und früher Bannmühle für Igersheim, Neuses und Bernsfelden, d. h., die dortigen Bauern durften ihr Korn nur hier mahlen lassen. 1903 wurde die Mühle, die sich heute als verputztes Gebäude über einem Bruchsteinerdgeschoss zeigt, zur Stromerzeugung umgerüstet. Wir kehren zurück zur Bad Mergentheimer Straße, und wenden uns dort nach links Richtung Tauberbrücke. Rechts sehen wir einen Bildstock aus dem Jahr 1627. Im oberen Teil ist die Kreuzigungsgruppe dargestellt, unten die Anbetung der Hl. Drei Könige mit der Hl. Familie. Weiter geht's auf die Tauberbrücke, frühe Zollstätte Igersheims von 1755/57. Hier bemerken wir die Statue des Brückenheiligen Johannes Nepomuk. Im Unterschied zu anderen Darstellungen hat der Igersheimer Nepomuk sein Birett abgenommen, aus Ehrfurcht

Der Theologe Prof. Dr. Johann Adam Möhler (1796-1838) lehrte Kirchengeschichte und Kirchenrecht an den Universitäten Tübingen und München. Vor allem seine weltberühmte „Symbolik - oder Darstellung der dogmatischen Gegensätze der Katholiken und Protestanten nach ihren öffentlichen Bekenntnisschriften“ hat bis heute einen hohen wissenschaftlichen Wert.

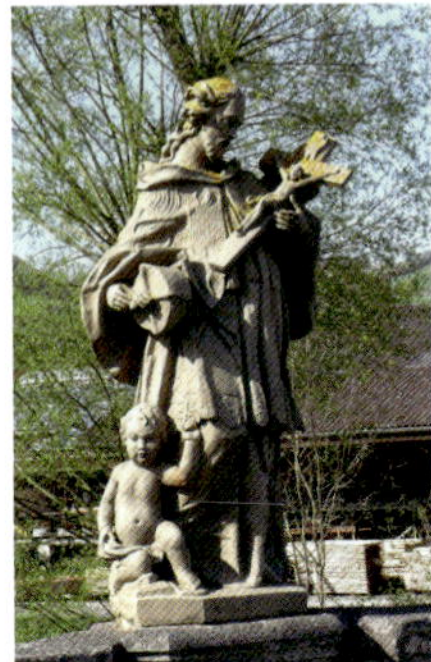

Nepomukstatue

vor dem Kreuz Christi, das er in der Hand hält. Die Bad Mergentheimer Straße zurück sind wir wieder am Möhlerplatz angelangt.

Exkursion zur Burgruine Neuhaus

Nach der Tauberbrücke an der touristischen Info-Tafel beginnt der Treppenaufstieg zur **Burg Neuhaus**. 293 Stufen führen hoch zur Ruine aus dem 12. Jh., einst Sitz des Edelherren Gebhard von Hohenlohe-Brauneck und 1431-1809 im Besitz des Deutschen Ordens. Von der Bogenbrücke, 1751 anstelle einer Zugbrücke erbaut, sehen wir links den Burggraben mit Resten der Schildmauer, rechts den Pulverturm mit Kanonenluken. Über dem Eingangstor mit Wehrgang und Schießscharten prangt das Wappen des Hochmeisters Wolfgang Schutzbar. An der Innenseite zwischen Eingangstor und Eingang zum Pulverturm hängen zwei Wappen des Erzherzogs Maximilian I. v. Österreich von 1615 sowie das Renaissancewappen des Walther v. Cronberg von 1528. Ein Hinweisschild zeigt den Weg weiter hoch zur Ruine der mittelalterlichen Kernburganlage, dem Bergfried und Wendeltreppentürmchen mit seinen ausgebro-

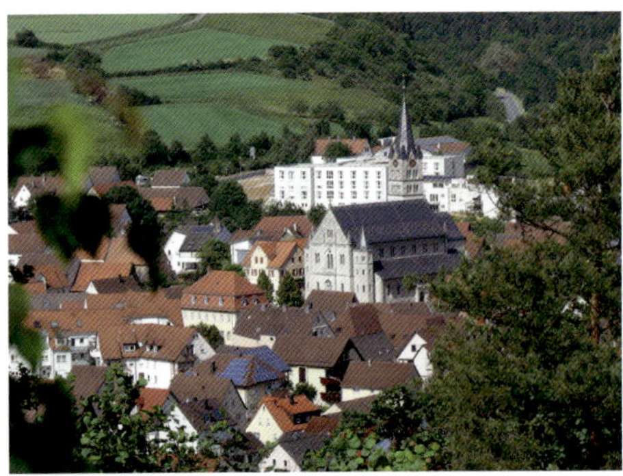

Blick vom Kitzberg

chenen Stufen und der imposanten Wand mit den Renaissancefenstern. Rechts davon sehen wir einen ehemals 120 m tiefen Brunnen. Umrunden wir den Ruinenteil, stoßen wir auf den neu wieder aufgebauten Geschützturm.

Burgruine Neuhaus

Exkursion zur Alten Schmiede Neuses

Im Stadtteil Neuses befindet sich die als Museum erhaltene **Alte Schmiede** mit der darüber liegenden Schmiedswohnung. Vor 1830 (Einbau Schmiede) war das zweistöckige Gebäude mit Bruchsteinerdgeschoss wohl das Dorfbackhaus, die heutige Fachwerkkonstruktion stammt von 1862. Besonders sehenswert sind in der Wohnung die erhaltenen alten Schablonenmalereien sowie die volle historische Ausstattung der Schmiede.

Alte Schmiede Neuses

Die **Alte Schmiede** kann nach Anmeldung besichtigt werden.
Tel. 07931/45242 oder 3617

Exkursion nach Bernsfelden

Im Stadtteil Bernsfelden besuchen wir die neugotische **St. Franziskuskirche** aus dem Jahr 1888 mit der in Rauten gelegten farbigen Dachgestaltung. Im Innenbereich sehen wir eine faszinierende ‚Schreinergotik'. Im Choreingang zeigt die Schablonenmalerei die Symbole der ‚Lauretanischen Litanei', einer Anrufung an die Gottesmutter, und in den Seitengängen die Leidenswerkzeuge Christi.

St. Franziskuskirche Bernsfelden

Bad Mergentheim

Stadtteile: Bad Mergentheim, Althausen, Apfelbach, Dainbach, Edelfingen, Hachtel, Herbsthausen, Löffelstelzen, Markelsheim, Neunkirchen, Rengershausen, Rot, Stuppach, Wachbach

Von Robin Markowski

Bad Mergentheim

Geokoordinaten Startpunkt

Marktplatz, Bad Mergentheim
49.490636, 9.7732886

Bad Mergentheim wurde 1058 erstmals urkundlich als Comitatus Mergintaim in pago Tubergewe, als Grafschaft Mergentheim im Taubergau erwähnt und erhielt 1340 die Stadtrechte. Ihre Entwicklung wurde entscheidend durch den Deutschen Orden geprägt, der seit 1219 hier ansässig war und von 1557 bis 1809 die Residenz von 18 Hochmeistern stellte.

Der Deutsche Orden wurde 1190 während des dritten Kreuzzugs als Spitalgemeinschaft von Akkon im Heiligen Land gegründet und 1198 zu einem Ritterorden erweitert. Im 13. Jh. erlangte er zahlreiche Besitztümer im Mittelmeerraum, im Römischen Reich sowie in West- und Ostpreußen, verlor seit dem 15. Jh. allerdings an Bedeutung. 1809 verbot Napoleon den Orden in den Rheinbundstaaten und er existierte nur noch in den österreichischen Erblanden. Nach dem Ersten Weltkrieg wurde er in einen klerikal-geistlichen Orden umgewandelt und in Österreich 1938 ebenfalls verboten. Ab 1945 erfolgte der Neuaufbau.

Tourist-Information
Marktplatz 1
Tel. 07931-574815

VGMT-Haltestelle
Bahnhof, Bad Mergentheim
49.49328, 9.77163

● Routenstart

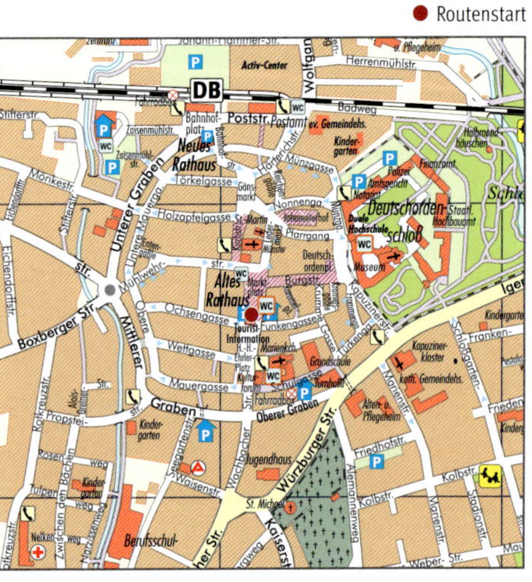

Marktplatz mit altem Rathaus

Wir beginnen unseren Rundgang am **Alten Rathaus** am Marktplatz. Es wurde 1564 im Renaissancestil als dreistöckiges Gebäude mit Staffelgiebel errichtet. Im früher offenen Erdgeschoss befanden sich Marktstände, der Eingang zum Rathaus im ersten Stock wurde einst über eine steinerne Treppe erreicht, die 1729 entfernt und durch den Balkon über dem Portal ersetzt wurde. Darüber sehen wir das Stadtwappen mit dem Hochmeisterkreuz. Die Mehrzahl der am Marktplatz stehenden Gebäude stammt aus dem 16. Jh. Die **Engel-Apotheke,** 1469 errichtet, ist ein dreistöckiges Fachwerkgebäude, in dem sich einst die Hofapotheke des Deutschen Ordens befand. Vom Giebel blickt ein Neidkopf herunter. Am **Haus Nr. 4** mit verzierten Eckpfeilern bemerken wir eine Lüftelmalerei auf Höhe des dritten Stockwerks, die den Schäfer Franz Gehrig darstellt,

Der Schäfer Franz Gehrig entdeckte 1826 die Wilhelmsquelle an der Tauber, woraufhin der Kurbetrieb begann.

Weinanbau in Bad Mergentheim

Weinorte Dainbach und Markelsheim

Informationen in der Weinroute ab Seite 201

Eduard Mörike (1804-1875) lebte von 1844-1851 in Mergentheim. 1851 heiratete er Margarethe in der Schlosskirche. Die Dokumentation und Inszenierung im Mörike-Kabinett des Deutschordensmuseums entwirft ein Bild des Schriftstellers und seiner Umgebung in dieser Zeit. Zu sehen sind kostbare Ausgaben seiner Werke, aber auch ein Haushaltungsbuch des oft klammen Dichters und Pfarrers, das mit Randnotizen und Zeichnungen geschmückt ist.

der 1826 die Heilwasserquellen gefunden hat. Gegenüber dem Rathaus sehen wir die **Zwillingshäuser,** 1780 im Frühklassizismus mit dreigliedriger Sandsteinfassade erbaut und mit einem Rundbogenportal verbunden. Nach Südosten schließt Nr.7 den Marktplatz ab. Dort ist eine Gedenktafel an Eduard Mörike angebracht, der von 1844-51 in Mergentheim lebte. Der Milchlingsbrunnen wurde 1926 anlässlich der 100jährigen Entdeckung der Heilquellen hierher versetzt. Die Sandsteinfigur zeigt den Ritter Roland, Symbol für die Eigenständigkeit und Freiheit der Stadt, welcher das Wappen des Hochmeisters Wolfgang Schutzbar, gen. Milchling, hält, der das Rathaus, daneben einen Laufbrunnen und die erste Wasserleitung bauen ließ. Wir gehen links des Alten Rathauses wenige Meter zum **Hans-Heinrich-Ehrler-Platz**. Links das verputzte Gebäude Nr. 27 aus dem späten 16. Jh. mit Volutengiebel besitzt im Inneren hinter der Kasse des Geschäfts ein prächtiges Renaissanceportal, einst der Eingang des Wohnhauses. Das langgestreckte Lyzeum an der Südostseite des Platzes mit einfachem Fachwerk im dritten Stock und Türmchen wurde 1700-02 als Gymnasium des Deutschen Ordens erbaut.

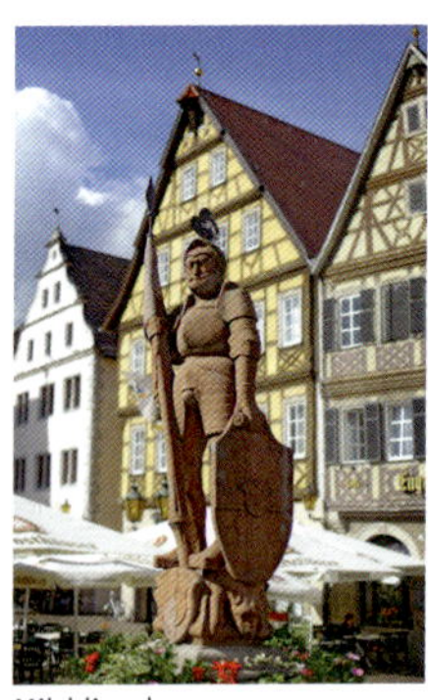

Milchlingsbrunnen

Vor dem Lyzeum links geht es zur **Marienkirche**. Die gotische Kapelle aus dem späten 13. Jh. an der Südseite des Chores ist der älteste Teil, die Kirche entstand wenige Jahre später, wurde mehrmals renoviert und erhielt 1879/80 ihr heutiges Aussehen im neugotischen Stil. Im Hochaltar ist ein mittelalterliches Gnadenbild eingelassen, ein Altar im rechten Seitengang aus der Riemenschneiderschule von 1519 zeigt den Tod Mariens, umringt von den zwölf

Aposteln. Zahlreiche Relikte des Mittelalters wie Wandmalereien sind erhalten geblieben. Wir kehren zurück zum Hans-Heinrich-Ehrler-Platz. Das Fachwerkgebäude Nr. 42 im Süden des Platzes war einst das **Obere Badehaus.** Es wurde ab 1667 in zwei Bauabschnitten errichtet, der geschnitzte schmuckvolle Eckpfeiler zeigt St. Wendelin und St. Katharina. Zentral fällt der Blick auf den Marienbrunnen, auf dessen hoher Sandsteinsäule die Marienfigur zur Kirche schaut (Franz Th. Pfeiffer, 1855). Wir laufen zurück zum Marktplatz und dann links in die Mühlwehrstraße. Wenige Meter rechts in Nr. 12 befindet sich der Schöntaler Probsthof der Zisterzienser, ein langgestrecktes dreistöckiges Gebäude, das auf einen **Hohenloher Hof** zurück geht, in seiner heutigen Form aus dem 18. Jh. stammt und die höhere Töchterschule beherbergte. Das Wappen über dem Sandsteinportal zeigt in der Mitte den Erbauer Angelus Münch. Die Engelsflügel verweisen auf den Vornamen. Links liegt das **Ritterhaus**, ein hohes Renaissancegebäude, auf dessen Giebel eine steinerne Ritterfigur wacht. Die Mühlwehrstraße weitet sich zum **Mühlwehrplätzle**, wo wir auf zwei schmuckvolle Fachwerkhäuser blicken. Nr. 22, 1669 erbaut, präsentiert sich schmal mit spitzem Giebel, im breiteren Gebäude rechts aus dem späten 17. Jh. sind Mannfiguren im Fachwerk zu bemerken. Die barocke Madonnenfigur über dem Eingang stammt aus dem 18. Jh. Im linken wohnte der Arzt Dr. Stützle, ein Freund Sebastian Kneipps, der auf mehreren Besuchen im späten 19. Jh. an dem kleinen Brunnen, dessen Nachbildung von 1989 vor dem Haus steht, Patienten behandelte. Es geht links des Hauses

Hans-Heinrich-Ehrler-Platz

Marienkirche

Nr. 22 weiter die Mühlwehrstr., bis wir rechts die Pestsäule, einen Bildstock von 1740 als Gedenken an die Pestopfer, sehen. Am Kapitel ist das Wappen des Erbauers Hochmeister Clemens August angebracht. Vor uns liegt die Nr. 32, das ehem. **Torwärterhäuschen**, um 1740 erbaut am Mühlwehrtor, eines der vier Tore der um 1830 abgerissenen Stadtmauer. Der Torangelstein rechts stammt noch aus der Erbauungszeit der Mauer nach 1340.

Der Spaziergang führt zurück zum Marktplatz und dann nach links in die Kirchstraße, wo wir das **Münster St. Johannes** betreten, das zwischen 1250 und 1274 erbaut wurde. 1580-84 wurde die Flachdecke durch ein Kreuzrippengewölbe ersetzt, 1593 der rechteckige Turm erhöht und mit einer welschen Haube versehen. Im Inneren existieren noch Reste mittelalterlicher Wandmalereien. Zahlreiche Skulpturen vom Mittelalter bis ins 19. Jh. sind zu bemerken, von den Grabmälern der Mitglieder des Deutschen Ordens ist das Marmor-Epitaph des Deutschordenskomturs Marquard von Eck im nördlichen Seitenschiff auffällig. Die Eck´sche Kapelle am nördlichen Chor wurde 1607

Münster St. Johannes

Decke der Eck´schen Kapelle

als nachgotischer Bau mit Wandmalereien aus dem Marienleben errichtet. Das Altarbild zeigt den Stifter Marquardt Freiherr von Eck, die hl. Elisabeth und die Stuppacher Kirche. Wir gehen auf der gegenüberliegenden Seite aus der Kirche heraus und gleich rechts. Dort befindet sich der Eingang zum Münsterschatz, eine Ausstellung der Kirchenschätze wie Monstranzen, Kreuze und Kelche. Direkt gegenüber sieht man in einer Nische die Kopie einer gotischen Madonna von ca. 1280 (Original im Deutschordensmuseum). Wenige Schritte zurück und dann rechts liegt der Eingang zur **Martinskapelle**, Teil des Hospitals zum Heiligen Geist, die 1741/42 auf Resten einer Kapelle aus frühmittelalterlicher Zeit erbaut wurde. Im spätbarocken Kirchenraum mit reicher Rokokoausstattung bemerken wir auffällige Stuckaturen, ein Deckenfresko und drei Altäre aus Stuckmarmor. Zurück in der Kirchstraße halten wir uns rechts und erreichen das **Hospital zum Hl. Geist**, das 1207 vom Johanniter-Orden gegründet wurde. 1771/72 erhielt es das heutige Erscheinungsbild, das Wappen von Hochmeister Karl Alexander von 1698 ist über dem geschmückten Eingangsportal zu sehen.

Münsterschatz

Geradeaus liegt der Gänsmarkt mit dem Kiliansbrunnen. Er wurde 1588/89 erstmals als Röhrenbrunnen errichtet. 1889 erhielt er seine neugotische Form mit der krönenden Figur des Frankenheiligen Kilian und den Figuren von Kolonat und Totnan, im Sandsteinbrunnenstock eingelassen. Die Gebäude um den Gänsmarkt entstammen hauptsächlich dem 17. Jahrhundert. Auffällig ist der Renaissancegiebel am Haus Nr.11 schräg links von uns. Es geht nach rechts und etwa 50 Meter weiter nach links in

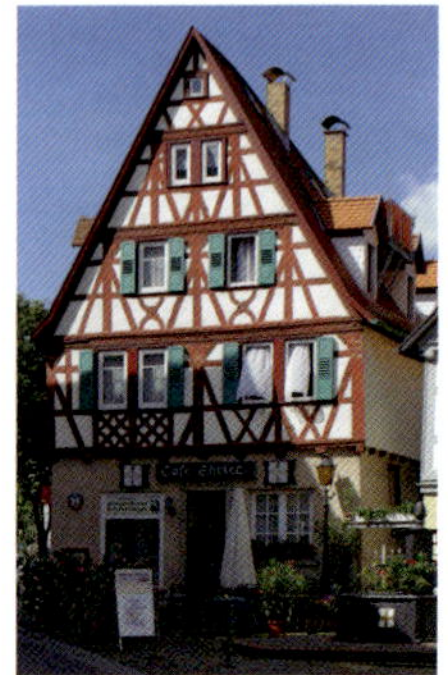
Fachwerkhaus

das Areal des ehem. Johanniterhofs. Die einstige Hofform ist beim Neubau von 1978-86 erhalten geblieben. Wir biegen sofort rechts ab in den Pfarrgang. Rechts liegt das Haus des Deutschordenskanzlers Freiherr von Tautphoeus, 1740 im Barockstil mit dem aufwendig gestalteten Doppelportal mit krönender Madonnenstatue erbaut. Das Wohnhaus Nr. 4 direkt daneben besitzt einen kleinen Barockgarten, der zum Ordenskanzlerhaus gehörte und den Maler Karl Spitzweg zum Hintergrund des Bildes ‚Der Liebesbrief' inspirierte. An der Ummauerung sehen wir eine Marienstatue von 1721. Es geht gegenüber links durch den Torbogen. Im Inneren des ehem. Johanniterhofs befinden sich gleich rechts Reste der historischen Bausubstanz mit der Jahreszahl der Entstehung 1207. Der Weg führt wieder zum Pfarrgang, dann nach links. Am zweistöckigen Fachwerkgebäude von 1678 endet der Pfarrgang und wir stehen vor dem Gebäudekomplex des Deutschordensschlosses, ab dem 13. Jh. an Stelle einer Wasserburg aus dem 11. Jh. errichtet. Seit dem 16. Jahrhundert wurde die Burg zur Residenz des Deutschen Ordens ausgebaut. Über dem Eingangsportal sieht man das Wappen des Königreichs Württemberg. Im Innenhof angekommen liegt links der Archivbau von 1568-71 mit einst 40000 Folianten und beim Blick von links nach rechts Trapponei, Marstall, Bandhaus, Priesterseminar und Flughaus.

Wir gehen rechts durch den Rundbogen zum eigentlichen Hochschloss, das mehrmals um- und ausgebaut wurde, was Elemente der Gotik und Romanik an der Außenfassade zeigen. Ab 1568 wurde es als dreistöckiges Renaissance-

Offizin der Engelapotheke

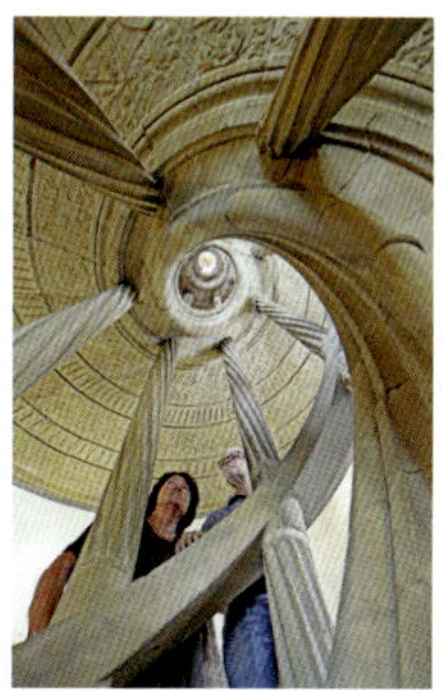

Berwarttreppe

schloss in seine heutige Form gebracht. In den Bau integriert sind der wesentlich ältere Bläserturm und zwei Schau-Treppentürme. Hier ist der Sitz des **Deutschordensmuseums** mit 3.000 qm Ausstellungsfläche; mit seiner Darstellung zur Geschichte des Deutschen Ordens mit Kunstwerken, Modellen und historischen Objekten von den Anfangen 1190 bis heute. Daneben gibt es Sammlungen zur Stadtgeschichte, das Mörike-Kabinett, Jungsteinzeit im Taubertal, Puppenstuben und die Adelheim´sche Altertumssammlung. Bemerkenswert im Eingangsbereich des Museums ist die Berwart-Treppe von 1574, eine freitragende Wendeltreppe, in deren Spindel man, beim Blick nach oben, eine leuchtende Sonne erkennt. Der Rundgang durch das Schloss endet mit dem Besuch der neuen Fürstenwohnung mit prächtigen Deckenstuckaturen und dem frühklassizistischen Kapitelsaal.

Die **Schlosskirche**, die wir schräg gegenüber des Schlosseingangs betreten oder die wir beim Rundgang im Museum bei einen Blick von oben an der ehemaligen Fürstenloge bestaunen können, wurde 1730-34 mit ihren zwei

Deutschordensmuseum im Schloss

Geschichte des Deutschen Ordens, Fürstliche Räume, Stadtgeschichte, Mörike-Kabinett, Jungsteinzeit im Taubertal, Puppenstuben

Geöffnet April-Oktober,
Di-So 10:30-17 Uhr
November-März
Di-Sa 14:30-17 Uhr,
So 10:30-17 Uhr

Tel. 07931-52212

Schlosskirche

Schlossgarten

Schlossgarten

Die frei zugängliche Anlage mit ihrem aus künstlich angelegten Wasserläufen gespeisten See und dem als Insel darin liegenden „Schneckenbuckel", den abwechslungsreich gestalteten Brücken und den zwei Lusthäuschen bietet immer wieder neue und überraschende Ausblicke.

Türmen mit welscher Haube unter Beteiligung Balthasar Neumanns errichtet. Das Altarbild zeigt die ‚Salbung Jesu in Bethanien' von Matthäus Zehender, die Deckenfresken ‚Die Verherrlichung des Kreuzes im Himmel und auf Erden'. Wir werfen beim Verlassen des Burghofs noch einen Blick auf die beiden Brunnen mit den Steinfiguren zweier Hoch- und Deutschmeister. Die den Mittelgang säumenden Platanen des Schlosskomplexes wurden vor 1791 gepflanzt und führen den Besucher durch den gotischen Torturm in den **Schlossgarten,** der erstmals im 16. Jh. angelegt wurde und sich heute im englischen Stil zeigt. Rechts sehen wir das Mondhäuschen aus dem späten 18. Jh. Über die Tauber hinweg kann der **Kurpark** besucht werden, der auf etwa 16 ha verschiedene Attraktionen wie den Japanischen Garten, einen Klanggarten und im Sommer das Kurparkfest bietet. Über dem Kurpark ist die Solymar-Therme mit großem Sauna- und Wellnessbereich zu bewundern. Auf der anderen Tauberseite liegt der Bad Mergentheimer Wildpark mit einem der größten Wolfsrudel von ganz Europa.

Durch das Schloss kehren wir in die Stadt zurück und gehen nach Verlassen des Schlossbereichs nach links zum **Deutschordensplatz** mit dem zweigeschossigen Schalenbrunnen, der 1980 unter Verwendung einer historischen Schale aufgestellt wurde. Rechts sehen wir das **Beethovenhaus,** ein verputztes dreistöckiges klassizistisches Gebäude, an dem über dem Balkon eine Tafel mit dem Hinweis angebracht ist, dass Ludwig van Beethoven 1791 hier wirkte. Der Weg führt links die Kapuzinerstraße hinunter bis zum **Kapuzinerkloster** in der Würz-

Turmblasen auf dem Deutschordensplatz

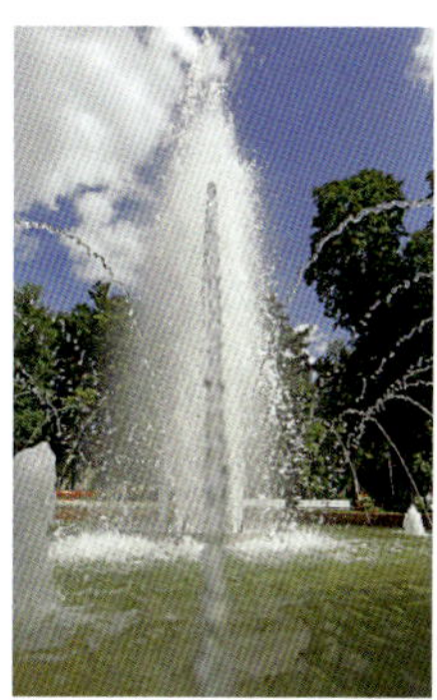

Kurpark

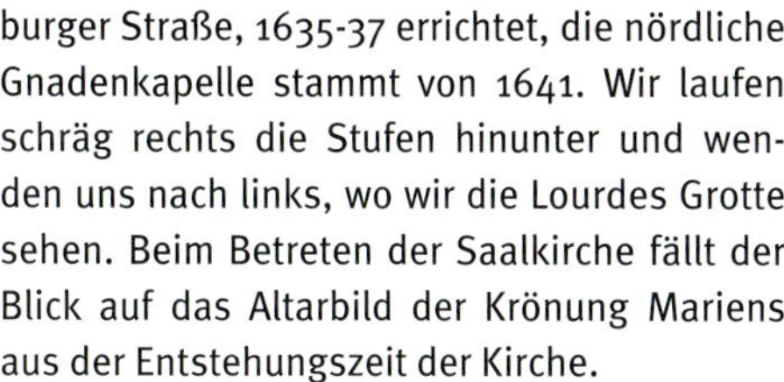

burger Straße, 1635-37 errichtet, die nördliche Gnadenkapelle stammt von 1641. Wir laufen schräg rechts die Stufen hinunter und wenden uns nach links, wo wir die Lourdes Grotte sehen. Beim Betreten der Saalkirche fällt der Blick auf das Altarbild der Krönung Mariens aus der Entstehungszeit der Kirche.

Wir kehren zum Deutschordensplatz zurück und gehen links in die **Burgstraße,** in der historische Gebäude des 16. bis 18. Jh. stehen. Besonders sehenswert beim Spaziergang zurück zum Marktplatz ist bei Nr.5 das von ihm selbst erbaute Haus des Deutschordensbaumeisters Franz-Joseph Roth, ein aus zwei Gebäuden zusammengesetzter Barockbau von 1722.

Kurpark

Durchgehend geöffnet, eintrittspflichtig in der Zeit von 14:30 bis 17:00 Uhr von April bis September (ausgenommen dienstags und donnerstags)

Exkursion nach Stuppach

Im Stadtteil Stuppach in einer dafür erbauten Kapelle an der spätgotischen Pfarrkirche Mariä Krönung befindet sich die **Stuppacher Madonna,** eine mittelalterliche Tafelmalerei von Matthias Grünewald, die zu seinen Hauptwerken zählt. 1517-19 wurde sie für die Maria-Schnee--Kapelle der Stiftskirche in Aschaffenburg geschaffen und kam wohl 1532 zum Deutschen

Der Maler Mathis Gothart Grünewald, bedeutender deutscher Vertreter der Renaissance, wurde um 1475-80 in einem Dorf zwischen Aschaffenburg und Würzburg geboren. Er scheint ein Schüler Albrecht Dürers gewesen zu sein, wurde Hofbeamter und Hofmaler des Erzbischofs von Mainz, ließ sich in Frankfurt nieder und kam in die Dienste der Herren von Erbach. Sein Todesdatum wird zwischen 1531 bis 1532 vermutet. Von seinen Werken sind 23 Tafelbilder und 40 Handzeichnungen erhalten geblieben.

Weinanbau in Markelsheim

Alljährliches Weinfest nach Pfingsten

Informationen in der Weinroute ab Seite 201

VGMT-Haltestelle Bahnhof, Markelsheim
49.47813, 9.83496

Tauberbrücke

Orden nach Bad Mergentheim. Bei der Auflösung des Ordens 1809 wurde das Gemälde entdeckt und gelangte 1812 nach Stuppach. Sie zeichnet sich durch eine feine, detailgetreue Malweise und eine vielschichtige Symbolik aus.

Exkursion nach Markelsheim

Markelsheim wurde 1054 erstmals urkundlich erwähnt. Ab dem 13. Jahrhundert existierte auf dem Engelsberg ein Beginen-Kloster. Davon noch zu sehen ist die **Bergkirche St. Margareta** mit einem Chorturm aus dem 12. Jahrhundert und Reste einer Beginenklause. Beeindruckend ist das **Historische Rathaus** am Marktplatz mit seinen beiden Fachwerkerkern, das vermutlich um 1600 errichtet wurde. Davor befindet sich eine Marienstatue von 1878. Ebenfalls sehenswert ist der **Glockenturm**, den der Deutsche Orden 1490-94 erbauen ließ. Er hat einen Glockenstuhl mit vier Glocken und eine Wachstube. Der Fronhof mit Zehntscheune war bis 1803 Amtssitz des Stiftes Neumünster und beherbergt heute das Feuerwehrgerätehaus. An der Tauberbrücke steht die neugoti-

Markelsheim

sche Dreifaltigkeitskapelle, die 1848 errichtet wurde. Zu sehen sind außerdem: auf der Tauberbrücke die **Statue von St. Kilian**, dem Schutzheiligen der Winzer, und Bildstöcke an zahlreichen Stellen im Ort.

Tourist-Information

Rathaus Assamstadt
Bobstadter Str.1
Tel. 06294/4202- 40

Exkursion nach Assamstadt

Das zentral gelegene zweistöckige verputzte Rathaus wurde 1930 errichtet und in den 50er Jahren erweitert. Der dreischalige Brunnen gegenüber wurde 1986 aufgestellt und zeigt auf der mittleren Schale in den Stein gehauen drei Szenen: die Heiligen Kilian mit Kolonat und Totnan, die Kirschenernte und die Fastnacht. Wir gehen die Stufen hinauf zur alten **Kilianskirche.** Der untere Teil des Turmes, einst Teil einer Wehrkirche, stammt aus dem 12. Jh. 1863-66 erhielt die Kirche ihr heutiges Aussehen als dreischiffige Choranlage im Rundbogenstil,

VGMT-Haltestelle
Ortsmitte, Assamstadt
49.42719, 9.68724

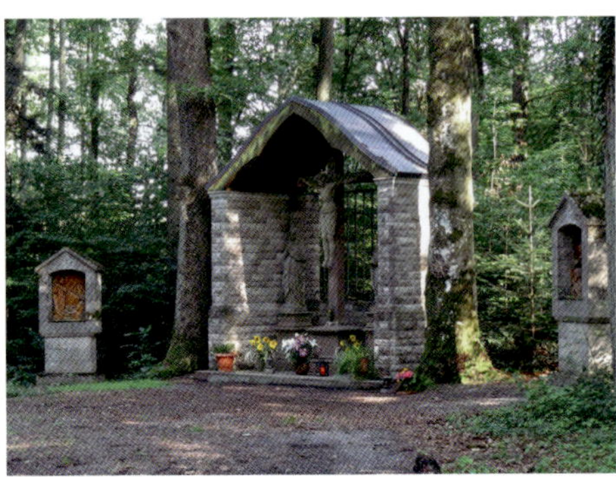

Steffeskirchle Assamstadt

seit 1973 wird sie durch den Bau der neuen Kilianskirche nicht mehr genutzt. Vom Wennleinweg oberhalb der neuen Kilianskirche führt ein Kreuzweg mit 14 Holzschnitzereien hinauf zum **Steffeskirchle,** einem Wallfahrtsplatz.

Der 1946-49 geschaffene Kreuzweg zeigt auf knapp einem Kilometer Länge 14 Holzschnitzereien von Anton Göbel, das Steffeskirchle geht auf das frühe 19. Jh. zurück. Die Figuren von Maria und Johannes entstanden um 1880, das zentrale Kruzifix 1901.

Boxberg

Stadtteile: Boxberg, Angeltürn, Bobstadt, Epplingen, Kupprichhausen, Lengenrieden, Oberschüpf, Schwabhausen, Schweigern, Uiffingen, Unterschüpf, Windischbuch, Wölchingen

Von Barbara Zeizinger

Geokoordinaten Startpunkt

Seebuckel, Boxberg
49.4817846, 9.6403261

VGMT-Haltestelle Stadtapotheke, Boxberg
49.48167, 9.64271

Boxberg an der Umpfer, einem Nebental der Tauber, entstand aus der Siedlung Wanshofen, die bereits im 7. Jahrhundert gegründet wurde. Ihren Namen erhielt die Stadt durch die Edelherrn von Boxberg, die schon vor 1120 urkundlich bezeugt sind und mit der im 11. Jahrhundert hoch über dem Ort gebauten Burg ein deutliches Zeichen ihrer Herrschaft setzten. Anschließend gingen Besitz und Herrschaft von Boxberg durch Kriege, Schenkungen und Verpfändungen mehrmals hin und her. 1287 schenkten die Herren von Boxberg ihren Besitz dem Johanniterorden, der im gegenüberliegenden Wölchingen eine bedeutende Johanniter-Kommende errichtete.

Es gibt mehrere Legenden über die Entstehung des Namens. Eine besagt, Euboko ein Gefolgsmann von König Konrad I. (911- 918), habe bereits um 932 die Burg erbaut und ihr den Namen Boxberg gegeben. Eine andere erzählt von einem Schneider, der sich vor belagernden Feinden in einem Geißfell versteckte und als Geißbock auftrat. Die eine Version sieht Bocksberg als Dank-Name (die feinde zogen entmutigt ab), die andere als Spott-Name: die Feinde wollten den fetten Geißbock schlachten. Tatsache ist, dass das Boxberger Wappen seit 1440 einen schwarzen Bock beinhaltet.

Die Johanniter wiederum verkauften ihre Herrschaft an die Ritter von Rosenberg, die als Raubritter bekannt waren. Besonders Albrecht von Rosenberg (1519 – 1572) war in politischen Auseinandersetzungen nicht zimperlich. Mehrfach wurde die Burg zur Strafe zerstört. 1547 ließ Albrecht sie als prachtvolles Schloss wieder aufbauen und führte die Reformation ein. Von 1561 bis 1802 war Boxberg kurpfälzische

Sandsteinbrunnen

Amts- und Oberamtsstadt, ging dann an das Fürstentum Leiningen und 1806 an das Großherzogtum Baden.

Wir beginnen unseren Spaziergang auf dem Parkplatz an der Straße Seebuckel. Dort wenden wir uns zu der ehemaligen Gefängnismauer, laufen an ihr entlang und kommen zu einem Rosengarten. Wir nehmen links eine Treppe und betreten den Hinterhof des ehemaligen Kurpfälzischen Amtshauses. Hier steht ein **Sandsteinbrunnen** aus dem Jahr 1996 mit den Wappen aller Stadtteile. Ein Tor an der rechten Seite bringt uns in die Untere Gasse. Wir laufen sie hoch zur Kurpfalzstraße und betrachten die Vorderseite des ehemaligen **Kurpfälzischen Amtshauses**, in dem sich heute das Rathaus befindet. Der barocke Profanbau wurde 1748 unter Leitung des kurpfälzischen Baumeisters Franz Wilhelm Rabaliatti mit Steinen der Burgruine gebaut. Besonders sehenswert ist das **Barockportal** mit Wappen der Kurpfalz. Das Gebäude hatte viele Funktionen, zeitweise diente es als Schule und seit 1972 nun als Rathaus. Wir überqueren die Kurpfalzstraße und biegen nach rechts, bis wir zum

Touristen-Information

RathausKurpfalzstr. 29
Geöffnet Mo- Mi 7.30-12.30, Do 13.30-18, Fr 7.30-12 Uhr

Tel. 07930 605-0

Weinanbau in Boxberg

Viertägiges Weinfest rund um das Unterschüpfer Wasserschloss

Ab Seite 201

Heimatmuseum

Kurpfalzstr. 18
Geöffnet zur Maimesse
und nach Vereinbarung
Tel. 07930-6050

Kurpfälzisches Amtshaus

ehemaligen Rathaus kommen. Auch in diesem Gebäude, das 1764 ein Türmchen mit Rathausglocke erhielt, waren zwischen 1843 und 1972 Schulklassen untergebracht. Das Gebäude hat zwei große Sandsteinbögen und ist im oberen Teil mit Schindeln verziert. In einem der Bögen befindet sich das Großherzog-Friedrich-Krieger-Denkmal aus dem Jahr 1908. Seit 1981 dient das ehemalige Rathaus als Heimatmuseum. Ehe wir uns das Gebäude von hinten ansehen, werfen wir noch einen Blick auf das gelbe Haus daneben, das zwischen 1615 und 1908 das evangelische Pfarramt der Stadt war. Nun gehen wir links vom Museum die Treppe zur Rathausgasse hoch. An der seitlichen Wand des Museums gibt es einen Sandsteinbogen mit der Jahreszahl 1610. Hier befand sich früher der Eingang. Nun betrachten wir die hintere, genauer die Fachwerkseite des großen Gebäudes. Ganz oben unter dem Dachgiebel kann man einen Neidkopf sehen. Er sollte das Haus und seine Bewohner vor Gefahren beschützen. Wir befinden uns in der Rathausgasse, wo wir dem aufsteigenden Sträßchen in Richtung Schlossberg folgen. Ab Nr.11 heißt die Straße Obere Gasse und bald kommen wir zu einem überdachten Glockenstuhl. Dieser Überrest gehörte zu der Evangelischen Kirche, die 1841 abgerissen wurde. Rechts neben dem Glockenstuhl nehmen wir wieder eine Treppe, um zum Schlossberg zu gelangen. (Wem das zu viele Treppen sind, kann diesen Teil auslassen und gleich bei der Glocke die Obere Gasse geradeaus gehen.) Wo früher das Schloss stand, gibt es eine Tafel, auf der die einst mächtige Burganlage skizziert ist. Von der Burg sind aber nur noch **Teile des Schildturms** zur Stadtseite, ein ausgegrabener Brunnen, ein Keller sowie ein unterirdischer Gang erhalten. Wir verlassen den Burgplatz, gehen wieder hinunter, biegen auf der Oberen Gasse links ab und gehen talwärts geradeaus. An einigen freien Stellen hat man einen schönen Blick auf Boxberg und das gegenüber liegende Wölchingen. Kurz nachdem die Straße eine Kurve macht, sehen wir bei Nr. 9 den ehemaligen, teilweise mit Fachwerk verzierten **Zehntkeller**, der jetzt Wohnungen enthält. Ein Sandsteinbogen mit der Jahreszahl 1569 erinnert uns, dass wir es hier mit einem ursprünglich bedeutenden Gebäude zu tun haben. Wir laufen die Gasse hinunter bis zur Kurpfalzstraße und stehen vor der Katholischen **Pfarrkirche St. Aquilinus**. Sie wurde in den Jahren 1708–1710 nach Plänen von Joseph Greissing mit barocker Innenausstattung errichtet. Die hell verputzte Kirche hat einen später errichteten Turm aus Natursteinen. Wir werfen einen Blick auf das Sandsteindenkmal des Namenspatrons auf der anderen Straßenseite vor dem Pfarrhaus. Neben der Kirche kann man noch mächtige **Reste der Stadtmauer** sehen. Darunter steht auf einem Steinsockel ein **holzgeschnitzter Bock** des

Heimatmuseum

St. Aquilinus

Südportal des Frankendoms

Schweigener Künstlers Heinrich Justus. Genau an dieser Stelle überqueren wir die Straße und nehmen einen kleinen Weg nach unten. Dort streifen wir die sogenannte ‚Wäsch'. Das ist der ehemalige von Quellwasser versorgte Löschwasserteich, an dem jahrhundertelang Kleider gewaschen wurden. Wir befinden uns nun in dem Boxberger Naherholungsgebiet, das im 19. Jahrhundert nach und nach trocken gelegt wurde. Es gibt einen sehr schönen **Merian-Stich**, der Boxberg aus dem Jahr 1645 zeigt, in dem die Burg noch steht und vor der Stadtmauer eine zusammenhängende Seenlandschaft zu sehen ist. Davon ausgehend hat die Stadt den Bereich von der ‚Wäsch' bis zu unserem Ausgangspunkt ‚Seebuckel' renaturiert und einen wasserreichen Naherholungsraum geschaffen. Wir wenden uns nach rechts und beschließen unseren Rundgang entlang eines kleinen Baches auf einem in dieses Gebiet integrierten Fußweg, sehen rechts noch weitere Gebäude, die auf der Stadtmauer stehen und kommen schließlich am Rosengarten vorbei zu unserem Parkplatz.

Exkursionen nach Wölchingen

Die **‚Frankendom'** genannte Evangelische Kirche im Stadtteil Wölchingen wurde vermutlich zwischen 1230 und 1250 durch den Johanniterorden und die Edelherren von Boxberg erbaut. Die dreischiffige Pfeilerbasilika mit kreuzförmigem Grundriss verbindet romanische und frühgotische Einzelformen. Der achteckige Vierungsturm kam erst 1878/79 hinzu. Sowohl an der West- als auch an der Ostfassade kann man Fratzen und Tiere finden. Im Innern thront in der Apsis über der Fensterrose Christus als

Frankendom Wölchingen

Weltenherrscher. Im südlichen Seitenschiff findet man spätgotische Grabmäler der Rosenberger, darunter das von Eberhard IX. (gest. 1387), dem Käufer Boxbergs. Unter dem Chor der Kirche befindet sich eine kreisrunde Krypta.

Exkursion nach Unterschüpf

Der ursprüngliche Bau des früheren **Wasserschlosses** der Herren von Rosenberg begann zur Zeit der Renaissance im Jahr 1561 und erhielt nach mehreren Umbauten um 1610 seine jetzige Form. Die Außenfassaden des altrosa verputzten Schlosses mit original wiederhergestellten Tür- und Fensteröffnungen sowie

Nach dem Schlüssel zur Kirche Oberschüpf kann man unter 07930 -8041 fragen.

Wasserschloss Unterschüpf

Scharten und drei Ecktürmen entsprechen dem Original. Heute befindet sich in dem Gebäude die Sprachheilschule des Main-Tauber-Kreises.

Exkursion nach Oberschüpf

Die kleine **Wehrkirche** gleich rechts am Ortseingang von Oberschüpf wurde um 1200 gebaut. Sie besteht aus einem Langhaus und einem breiten Turm. Im Innern befinden sich sehenswerte frühgotische Fresken, die um 1290 entstanden sind und dem unbekannten ‚Urpharer Meister' zugeordnet werden.

Ev. Wehrkirche Oberschüpf

Lauda-Königshofen

Stadtteile: Lauda, Königshofen, Beckstein, Deubach, Gerlachsheim, Heckfeld, Marbach, Messelhausen, Oberbalbach, Sachsenflur, Unterbalbach

Von Nikola Reinheimer

Herzlich Willkommen in Lauda-Königshofen
www.lauda-koenigshofen.de
Lauda-Königshofen
Die Weinstadt im Taubertal

Geokoordinaten Startpunkt

Marktplatz,
Lauda-Königshofen
49.569554, 9.701204

Weinanbau in Lauda-Königshofen

Weinwanderungen rund um die Stadt

Informationen in der Weinroute ab Seite 201

Zentraler Omnibus-Bahnhof und Bahnhof Lauda-Königshofen

49.56592, 9.70804

Die Stadt Lauda-Königshofen entstand unter diesem Namen bei der Gebietsreform Baden-Württembergs im Jahr 1975. Eine erste urkundliche Erwähnung gibt es im Jahr 1131, doch bereits in der Hallstattzeit wird die hier entstandene Siedlung ‚Ludunum' genannt; den späteren Namen ‚Lauda' gaben ihr die Edelherren von Luden, die ihren Sitz hier hatten. Die Stadtrechte erhält Lauda 1344, dazu die „Hohe Gerichtsbarkeit mit Stock und Galgen" – sie darf sich fortan mit Graben und Mauer befestigen – und sie darf Märkte abhalten. Apropos Märkte: Der hier angesiedelte Weltmarktführer für Temperiertechnik hat den Namen der Stadt als Firmenlogo gewählt. Die Stadt liegt malerisch eingebettet zwischen Weinbergen und verfügt neben anderen Sportstätten über ein beheiztes Frei- und Hallenbad mit großzügigen Grünanlagen.

Wir beginnen unseren Rundgang durch die malerisch zwischen Weinbergen eingebettete Stadt auf dem Marktplatz vor dem 1982 fertiggestellten Rathaus. Wenn wir hier stehen, ist es wahrlich kaum zu glauben, dass an dieser Stelle einst ein See war. Der **Marktplatzbrunnen** von 1983 erinnert an den Rechtslehrer und Reformator der fränkischen Landwirtschaft Philipp Adam Ulrich (1692-1748). Auf unserem Rundgang werden wir diesem Namen häufiger begegnen.

Vom Marktplatz aus wenden wir uns nach links, wo wir das Laudaer Wahrzeichen, das 1496 als eines der beiden Stadttore erbaute **Obere Tor** erreichen. Heute beherbergt es die Narrengesellschaft ‚Strumpfkapp Ahoi'. Erstmals erwähnt wurde die Fastnacht in Lauda 1545. Wir gehen durch dieses Tor und folgen der Oberlaudaer Straße nach links, vorbei an einem kleinen historischen Gartenhaus mit schönem Fachwerk auf der rechten und dem

Oberes Tor

Philipp Adam Ulrich Brunnen

Philipp Adam Ulrich, Professor Dr. der Rechte an der Universität Würzburg, 1692 in Lauda geboren und 1748 in Würzburg gestorben. Er wurde sehr geschätzt für seine landwirtschaftlichen Reformen; als wertvolles Viehfutter ließ er Luzerne-Klee anbauen, förderte außerdem den Kartoffelanbau und wirkte damit den durch Missernten bedingten häufigen Hungersnöten in der Bevölkerung entgegen.

Josef Schmitt wurde 1874 in Lauda geboren. Er bekleidete 1928 bis 1930 sowie 1931 bis 1933 das Amt des badischen Staatspräsidenten. 1932 bis 1933 war er Mitglied des Reichstages.

letzten Fachwerkhaus auf der Stadtmauer zur linken Straßenseite. Schräg gegenüber zeigt ein Sgraffito an einer Hauswand die Stadt Lauda um 1700. Im Vordergrund dieser Darstellung sieht man Weinbauern bei der Lese; sie erinnern an die Bedeutung des traditionellen Weinbaues für die Weinstadt Lauda und das Taubertal. Links dieser Straße folgen wir den **Resten der alten Stadtmauer** aus dem 15. Jahrhundert bis zum Gäßleinsweg, an dessen Ende ein letzter Stadt-Bauernhof aus dem Jahr 1888 mit seiner roten Sandsteinmauer und blutroten Fensterläden auffällt. Dieser Bauernhof markiert auch den Anfang der ‚Neustadt', die infolge des Eisenbahnbaues entstand. Von hier aus kommen wir nach wenigen Schritten auf die Josef-Schmitt-Straße, der wir nach rechts bis zur Philipp-Adam-Ulrich-Straße folgen. Hier sehen wir zur Linken die alte Volksschule, erbaut in den Anfängen des 20. Jahrhunderts und heute nach Um- und Anbauten als Gemeinschaftsschule genutzt. Beim Blick nach rechts fällt uns die 1906/07 im neuromanischen Stil erbaute Evangelische Friedenskirche auf; unser Weg führt jedoch auf der Philipp-Adam-Ulrich-Straße nach links

Dampflok-Denkmal

Altar in der Marienkirche

Deckenfresko der Marienkirche

zum stadtbildprägenden **Dampflok-Denkmal**. Warum gerade eine Dampflok? Ganz einfach: Lauda wurde bereits 1867 zum Eisenbahnknotenpunkt; hier kreuzten sich unter anderem die Schnellzugtrassen Hamburg-Basel und Saarbrücken-Dresden. Der überwiegende Teil der Bevölkerung verdiente sich hier seinerzeit sein ‚täglich Brot'.

Zu unserer Linken liegt die Bahnhofstraße. Geht man diese nach rechts weiter, kommt man vorbei an den alten für die Bahnbediensteten erstellten Wohnhäusern zum im klassizistischen Stil erbauten Bahnhofsgebäude aus dem Jahr 1870. Doch wir wenden uns nach links und kommen vorbei am alten Stadtfriedhof mit seinem reichen Bestand exotischer und seltener Bäume und historisch bedeutenden Grabsteinen zur **Marienkirche** von 1613. Ein Blick ins Innere ist absolut empfehlenswert. Diese Kirche mit dem barocken Hochaltar ist mit wertvollen Fresken, vor allem aber einem riesigen Deckenfresko des Münchener Malers und ‚Königlichen Professors' Waldemar Kolmsperger d. Ä. ausgestattet. Von der Bahnhofstraße kommen wir über die Wallgrabenstraße, vorbei an der Seegasse und wenige Schritte

Geburtshaus von Johann Bernhard Mayer

Marienstraße

weiter nach rechts durch die Spitalstraße in die Bachgasse mit dem ‚Judenbrunnen', einem von ehemals acht Stadtbrunnen, beim Bau der Wasserleitung zugeschüttet und ausgangs des 20. Jahrhunderts bei der Altstadtsanierung wieder freigelegt. Er steht gegenüber dem ehemaligen **Geburtshaus von Johann Bernhard Mayer**, einst Priester zu Rom im Jahre 1694 und später Weihbischof von Würzburg. In seinem Testament stiftete er der Stadt dieses traditionelle Fachwerkhaus aus den Anfängen des 17. Jahrhunderts mit der Auflage, es als Spital einzurichten. Es wurde bis 1893 auch als solches genutzt. Ein weiteres **Fachwerkhaus** ist gegenüber das ehemalige **‚Badhaus'**, wo der Bader (Wundarzt und Barbier) im 17. Jahrhundert wirkte. Zwei geschnitzte traditionelle Figuren der ‚Laudemer Fasnacht' schmücken hier die Hausecke. Folgt man ihrer Blickrichtung, kommt man zu einem weiteren Brunnen. Drei in Bronze gegossene lebensgroße Fastnachts-Traditionsfiguren – Schlothegsch, Wilder Mann und Faschebouz – beleben diesen 1997 von Leonhard Eder geschaffenen ‚Narrenbrunnen'. Wieder einige Schritte weiter geht es nach rechts in eine kleine, etwas versteckt

Kapellenstraße

Narrenbrunnen

liegende Fußgängerzone, die Marienstraße. Sie gilt zusammen mit dem Durchblick auf den Kirchturm als eines der attraktivsten Fotomotive, die ‚Fotografiermeile' Laudas. Durch diese kleine Straße kommen wir zum **alten Marktplatz** mit dem **barocken Rathaus** (1728-1982). Heute befindet sich im linken Gebäudeteil die Stadtbücherei, im rechten Gebäudeteil bietet der Kunstkreis Lauda-Königshofen monatlich wechselnde Ausstellungen; im Obergeschoss und dem direkt daneben liegenden Geburtshaus von Dr. Philipp Adam Ulrich befinden sich die Räume des **Heimatmuseums**. Dem barocken alten Rathaus gegenüber sehen wir ein Fachwerkhaus mit Erker (1561); auch dieses

Heimatmuseum

Rathausstraße 25
Geöffnet: So 15 – 17 Uhr
April bis Oktober
Tel. 09343/501133

Stadtbücherei / ehemaliges Rathaus

Hochaltar St. Jakobus

Stadtkirche St. Jakobus

heute als Wohn- und Geschäftshaus genutzte Gebäude war eines der früheren Rathäuser. Einige Schritte weiter kommen wir zur Kapellenstraße mit der **Blutskapelle** auf der linken Straßenseite; infolge ihrer interessanten Entstehungsgeschichte wurde sie früher ‚Kapelle zum Heiligen Grab' genannt. Die jetzige Kapelle, 1683 anstelle einer älteren gebaut, birgt noch aus dem älteren Bau eine kleine Sakristei mit zugesetztem gotischem Eingang und Kreuzgratgewölbe. Auf der rechten Straßenseite findet sich der frühere **Zenthof**, heute in Privatbesitz. Die Katholische Stadtkirche aus dem 14. Jahrhundert brannte 1694 bis auf die Grundmauern nieder; sie wurde anschließend wieder aufgebaut und im Barockstil ausgestattet. Die **St. Jakobus d. Ä. geweihte Kirche** ist am Ende der Kapellenstraße nicht zu übersehen. Ein massiver Turm aus Naturstein hinter der Stadtkirche, der **Pulverturm** als letzter von einst 17 Stadttürmen, lässt neben einigen Schießscharten auch die Höhe der früheren Stadtmauer von ca. 8 m erkennen. Die Breite der Mauer betrug am Fuß etwa 1.80 m. Hier endet unser Stadtrundgang.

Pulverturm

Katholische Kirche St. Kilian, Beckstein

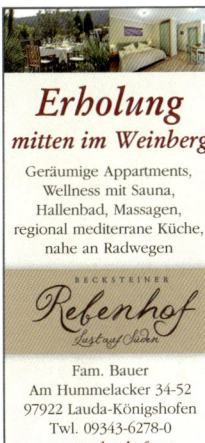

Exkursion nach Beckstein

Der kleine Ort Beckstein, der ehemals zum Amt Lauda gehörte, wurde im Zuge der Gebietsreform ein Stadtteil von Lauda-Königshofen. 1894 kam es hier zur Gründung der Becksteiner Winzergenossenschaft und heute zählt der Ort zu den führenden Weinbau-Gemeinden im Taubertal. Sehenswert ist die Katholische **Kirche St. Kilian** von 1914-20, die mit barocken Figuren ausgestattet wurde. Auf den zeitgenössischen Farbglasfenstern ist die Arbeit im Weinberg dargestellt. In der Ortsmitte steht eine **historische Kelter** und **Bildstöcke** aus vier Jahrhunderten finden sich in den Straßen.

Am Ortseingang von Beckstein liegt links oben der Becksteiner Rebenhof. In absoluter Traumlage, etwas erhöht und mit Blick auf unzählige Reben, lässt das Hotel Becksteiner Rebenhof die Menschen an der Schönheit der „deutschen Toskana im fruchtbaren Weinland“ teilnehmen. Hier werden Sie mit viel Engagement, Leidenschaft und sehr persönlich verwöhnt und bewirtet.

VGMT-Haltestelle Linde, Beckstein
49.54626, 9.70490

Weinwanderungen und Weinproben mit Weingästeführern

Erlebnis WeinWelt mit Vinothek und historischem Keller

Informationen in der Weinroute ab Seite 201

www.becksteiner-winzer.de

Rathaus Grünsfeld

Grünsfeld

Stadtteile: Grünsfeld, Hausen, Krensheim, Kützbrunn, Paimar, Zimmern

Wittighausen

Von Nikola Reinheimer

Über das Seitental des Grünbachs gelangen wir nach Grünsfeld. Im 8. Jahrhundert erstmals urkundlich erwähnt, herrschten hier ab 1213 die Grafen von Rieneck. Sie befestigten den Ort, dem um 1300 die Stadtrechte verliehen wurden.

Wir beginnen unseren Rundgang vor dem **Rathaus** aus dem Jahre 1579 in der Hauptstraße 12. Auf das steinerne Erdgeschoss – eine ehemals offene Markthalle – wurde 1620 ein kunstvolles Fachwerk-Obergeschoss mit aufwändigen Schnitzwerkverzierungen aufgesetzt, das den Renaissance-Bau zu einer Besonderheit macht. Angebaut ist ein schiefergedeckter Erker mit Glockentürmchen.

Links am Rathaus vorbei gehen wir die Schloßstraße hinauf und stoßen auf das fürstbischöfliche **Amtshaus**. Ab 1596 war es der Sitz des würzburgischen Amtmannes, der von hier aus das Oberamt Grünsfeld mit den zugehörigen Orten verwaltete. Das Hoftor hat einen fränkischen Bogen mit Katzenkopfkeilstein. 1990 konnte das Haus, das nach der Säkularisation in Privatbesitz kam, wieder erworben werden, um es zu restaurieren und ein Heimatmuseum mit dem Schwerpunkt auf sakraler Volkskunst

Geokoordinaten Startpunkt

Rathaus, Grünsfeld
49.6076765, 9.744979

VGMT-Haltestelle Bahnhof, Grünsfeld
49.60533, 9.74717

Amtshaus

Museum im Amtshaus

Schlossstraße 9
Geöffnet auf Anfrage
Tel. 09346-92110

Führungen nach Vereinbarung

Stadtverwaltung
Tel. 09346-92110

einzurichten. Besonders ansehnlich sind die prächtigen Stuckdecken und die Barocktreppe im Inneren des Hauses. Neben der Scheune des Amtshauses wurde eine Pädagogische Steinmetz- und Bildhauerwerkstatt gebaut, als die früher in Grünsfeld tätige Bildhauerfamilie Schreyer zahlreiche Modelle und Skulpturen übergab. Viele Häuser aus dem heimischen Naturstein und zahlreiche Bildstöcke prägen das Ortsbild.

Wir folgen der Schloßstraße bis zum Ende und stehen schließlich auf dem Schlosshof Der großräumige Rieneck-Saal im sanierten **Zehntgebäude** mit dem hohen Treppengiebel dient für festliche Veranstaltungen. Im Obergeschoss zeigt eine Dauerausstellung wichtige Epochen der Stadtgeschichte. Rechts von uns sind Scheunen für Vereine ausgebaut. Über einen Durchgang kommen wir zur restaurierten Wehranlage auf dem Schorrenfelsen mit dem Blick ins Wittigbachtal.

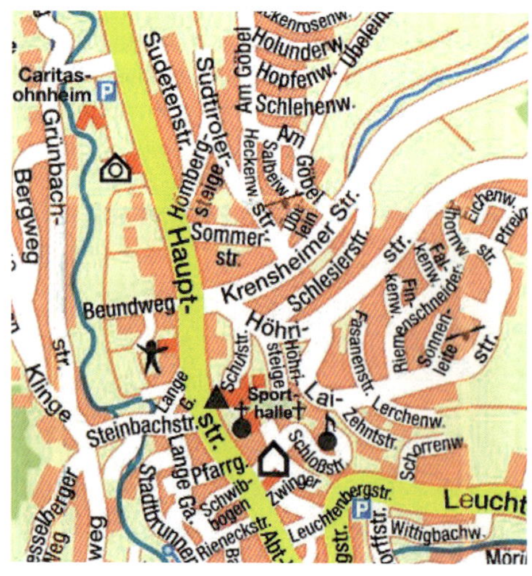

Zehntgebäude

Dorothea von Rieneck, um 1445 geboren, heiratete 1467 den Landgrafen Friedrich V. von Leuchtenberg und bekam mit ihm einen Sohn und zwei Töchter. Schon 1487 verwitwet, vermählte sie sich mit dem Grafen Asmus von Wertheim. Um das Erbe für ihren Sohn zu sichern, erwirkte die tatkräftige Landgräfin Dorothea 1502 den Schutz des Hochstifts Würzburg. Sie starb 1503.

Wir gehen vom Schlosshof zurück und können hinter dem Amtshaus Reste der alten Stadtmauer und einzelner Wehrtürme sehen. Der 75 m hohe Kirchturm weist uns den Weg zur katholischen **Pfarrkirche St. Peter und Paul.** Im Chor aus dem 15. Jahrhundert bewundern wir das **Grabmal** der Landgräfin Dorothea von Rieneck von Tilman Riemenschneider und gegenüber das Epitaph ihrer Eltern Amalia und Philipp des Älteren. Kanzel, Hochaltar und Sei-

Pfarrkirche St. Peter und Paul

tenaltäre sind in der Barockzeit entstanden. Das Langhaus wurde ab 1659 erneuert. Vor fast 50 Jahren wurde die Kirche in Richtung Norden erweitert.
Von der Kirche gehen wir zurück Richtung Rathaus, biegen rechts ab in den Schwibbogen und gelangen abwärts zum Stadtbrunnen mit weiteren Resten der Stadtbefestigung. Nach einem verheerenden Großbrand 1859 mussten weite Teile der alten Stadtmauer und Türme eingelegt werden, so dass Grünsfeld nicht mehr als ‚Klein-Rothenburg' bezeichnet werden kann.

Exkursion nach Grünsfeld-Hausen

Nördlich von Grünsfeld erreichen wir den etwa 2 km entfernten Ortsteil Grünsfeld-Hausen. Auf der linken Seite sehen wir die **St. Achatiuskapelle**, die um 1200 erbaut wurde. Die Kapelle ist ein Doppel-Oktogonbau und wirkt kleiner, als sie eigentlich ist. Nach Erdaufschüttungen infolge der Bodenerosion musste sie 1903-1905 ausgegraben werden und liegt jetzt knapp vier Meter tiefer als die Straßen. Der kleine achteckige Glockenturm mit seinen schmalen Schallöffnungen und dem Hauptge-

St. Achatiuskapelle

St. Sigismundkapelle

sims mit Bogenfries macht das 800 Jahre alte Bauwerk aus Muschelkalk zu einer Attraktion. Sie wurde vermutlich in Erinnerung an das Heilige Grab in Jerusalem von Kreuzfahrern errichtet. An der Außenwand entdecken wir unter einem in Stein gemeißelten Kreuz den kleinen roten Näpfchenstein, vielleicht ein keltischer Opferstein.

Vor der Kapelle steht auf einem achteckigen Pfeiler eine barocke **Madonnenfigur** und vor der Brücke sehen wir eine Nepomuk-Figur.

Exkursion in den Ort Wittighausen

Die **St. Sigismundkapelle** in Oberwittighausen wurde ca. 1150 erbaut und verbirgt sich geschützt unter einer Linde und hinter einer Kalksteintrockenmauer. Wie die St. Achatiuskapelle ist auch sie ein Oktogonbau. Ursprünglich diente sie als Pfarr-und Taufkirche und war dem hl. Nikolaus und dem hl. Martin geweiht. Vermutungen nach bekam sie den neuen Patron, weil 1354 Gebeine des hl. Sigismund durch Kaiser Karl IV. von Burgund über den Ort Wittighausen in den Prager Veitsdom überführt wurden.

VGMT-Haltestelle Bahnhof, Wittighausen
49.61854, 9.84611

Marktplatz Tauberbischofsheim

Tauberbischofsheim

Stadtteile: Tauberbischofsheim, Dienstadt, Distelhausen, Dittigheim, Dittwar, Hochhausen, Impfingen

Von Barbara Zeizinger

Die Geschichte von Tauberbischofsheim beginnt mit einer Neuordnung der kirchlichen Verhältnisse durch Missionsbischof Bonifatius. Zu dessen Besitz gehörte der Königshof *Biscofesheim*. 735 gründete er das erste Frauenkloster in Deutschland und setzte seine Verwandte, die heutige Stadtpatronin Lioba als Äbtissin ein.

Da Bonifatius später Bischof von Mainz wurde, kam sein Besitz zum Bistum Mainz, was man am Tauberbischofsheimer Wappen sieht, auf dem das Mainzer Rad abgebildet ist. Zwischen 1237 und 1245 erhielt der Ort die Stadtrechte. Er war schon früh durch Weinhandel vermögend und im Mittelalter ein Kreuzungspunkt zweier Handelsstraßen. Im 12. Jahrhundert verpfändete das Erzstift Mainz aus Geldnot Tauberbischofsheim an die Staufer, bis 1237 Friedrich II. den Ort endgültig an Kurmainz zurückgab. 1803 kam das Gebiet durch die Napoleonischen Gebietsreformen an den Großherzog von Baden.

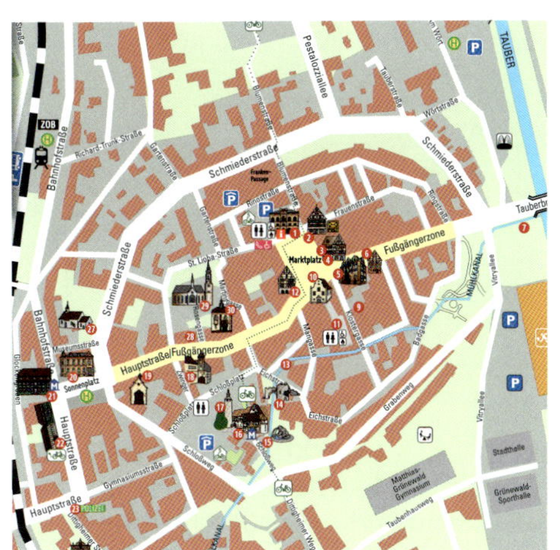

Geokoordinaten Startpunkt

Marktplatz,
Tauberbischofsheim
49.6228942, 9.662599

Bonifatius (um 637 in Wessex/Südengland bis 754/55) war Missionar und Kirchenreformer. Als Missionserzbischof, päpstlicher Legat für Germanien, Bischof von Mainz und Utrecht gründete er mehrere Klöster, darunter auch Frauenklöster. Bei seiner letzten Missionsreise wurde er von heidnischen Friesen erschlagen.

Die heilige Lioba (um 710 in Wessex/Südengland bis 782) wurde im Kloster der Benediktinerinnen ausgebildet und arbeitete später als Lehrerin. 732/735 folgte sie ihrem Verwandten Bonifatius nach Germanien, der ihr in Tauberbischofsheim die Leitung des 1. deutschen Frauenklosters übertrug.

Tourist-Information

Rathaus am Marktplatz
Tel. 09341 803-33 und 803-13

Geöffnet: Ostern bis Okt.:
Mo-Mi, Fr 8-17, Do 8-18 Uhr
Sa, So 11-14 Uhr

Nov. bis Ostern:
Mo-Mi 8-12.30 + 13.30-16.30,
Do 8-12.30 + 13.30-17.30 Uhr

Weinanbau in Tauberbischofsheim

Weinlehrpfad Edelberg

Informationen in der Weinroute ab Seite 201

Zentraler Omnibus-Bahnhof und Bahnhof Tauberbischofsheim
49.62401, 9.65882

Wir beginnen unseren Rundgang auf dem Marktplatz am neugotischen **Rathaus** von 1865-67. An der Fassade aus rotem Sandstein ist eine Uhr angebracht und daneben ein Wappen. Arkaden mit Kreuzgewölbe sind dem Rathaus vorgelagert. Geht man im Inneren die Treppe hoch, findet man rechts eine Vitrine, die Informationen über das Tauberbischofsheimer Fechtzentrum enthält. Im Erdgeschoss ist auch die Tourist-Information untergebracht. Unseren Rundgang auf dem Marktplatz beginnen wir vom Rathaus aus gesehen auf der linken Seite mit der **Alten Post** Nr. 9/10. Dieses fünfstöckige Fachwerkhaus mit roten Balken und einer Sandsteintreppe beherbergte die

Fechter auf alter Stadtmauer

Die Fechtgeschichte in Tauberbischofsheim begann 1954 mit der Gründung einer Fechtabteilung durch Emil Beck. Der Fechtclub ist seit 1986 Olympiastützpunkt.

Poststation der Fürsten von Thurn- und Taxis. Ein sogenannter Neidkopf in der Giebelspitze nennt die Jahreszahl 1602, die auch links in einer Sandsteinumfassung zu sehen ist. Sie bezieht sich aber wahrscheinlich auf einen Um- oder Neubau des Hauses.

Ein Neidkopf ist eine Fratze, die an Gebäuden angebracht wurden, um Gefahren für die Bewohner abzuwehren. Man führt den Brauch auf keltischen Ursprung zurück, weil die Kelten mit feindlichen Schädeln an ihren Bauten Feinde abschrecken wollten.

Das Tor an dem Haus Nr. 11 war die Einfahrt für alle Fuhrwerke, durch die sie die dahinter liegenden Höfe erreichen konnten. In dem Haus befand sich das Gasthaus Zum Schwanen und über dem Torbogen kann man die Jahreszahl 1736 sowie die Initialen des Wirtes und seiner Frau sehen. Das berühmteste Fratzenhaus ist bei Nr. 13 das mit der Stern-Apotheke verbundene **La Roche Haus** aus dem Jahr 1670. Insgesamt sieben Fratzen sind auf Konsolen angebracht, die mittlere trägt das Wappenschild des Erbauers Johann Hermann

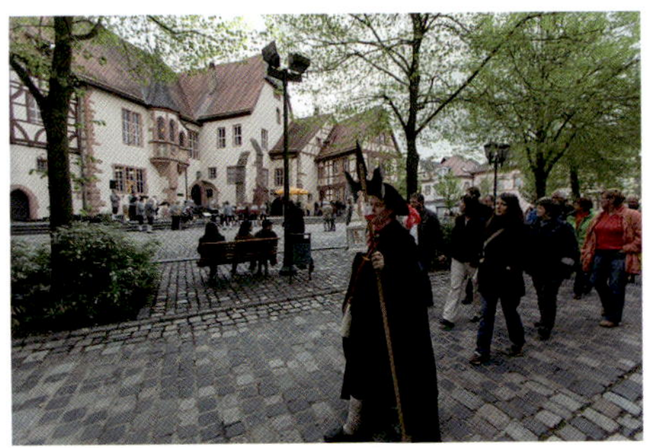

Stadtführung mit dem Turmwächter

Franck. Auf der anderen Seite des Marktplatzes sieht man an der Ecke zur Hauptstraße ein Fachwerkaus mit gelben Balken. Sein Erbauer war 1628 vermutlich der ‚mercator' Melchior Seyfried, worauf die Initialen SM verweisen. Später gehörte das Haus dem Spitalverwalter Johann Baptist Rincker, der dem Gebäude mit einem Neidkopf im Firstgiebel seinen Namen gab. Unmittelbar an das **Rincker-Haus** grenzt bei Nr. 1 ein Balken mit der Jahreszahl 1642 und den Kaufmannszeichen CL (Caspar Liebler). Dies sind die Reste des alten Gebäudes, das ungefähr 80 Jahre später mit Barockfenstern völlig umgestaltet wurde. Eine Tafel am Haus Nr. 3 hält fest, dass hier der Tondichter Richard Trunk (1879 -1968) geboren wurde. Hinter dem Einfahrtstor bei Haus Nr. 5 ist eine Gasse zu erkennen, die früher vom Marktplatz zur Martinskirche führte. Das Haus daneben, der sogenannte **Rehehof** bei Nr. 6, ist bereits im 16. Jahrhundert in den Registern der Stadt vermerkt. Sein heutiges Aussehen erhielt er allerdings erst 1702. Sehenswert ist das Einfahrtstor mit einem Neidkopf über dem Torbogen und darüber ein Rehmedallion sowie eine Madonnenstatue.

Vom Markplatz biegen wir rechts in die Hauptstraße ein. Dort gibt es am Haus Nr. 49 eine **Figur mit Helm, Speer und Schild**, die ein Überbleibsel des einstigen Gasthauses Zum Riesen darstellt. Wir biegen nach ein paar Metern wieder rechts in die Martinsgasse ein, wo kleine Fachwerkhäuser aus dem 17. Jahrhundert stehen. Bei Nr. 1 ist die Haustür zum bequemeren Betreten mit einem Ausschnitt versehen. Die Martinsstraße bringt uns zum Lioba-Platz und dort links zur **Sebastianuskapelle**. Sie wurde im Jahr 1474 als Friedhofskapelle gebaut, in der im unteren Stockwerk ein Beinhaus (Ossarium) untergebracht war. Beachtenswert ist im Innern das viergeteilte Kreuzrippengewölbe und in der nordwestlichen Ecke eine Maske mit einem offenen und einem geschlossenen Auge. Über eine Außentreppe gelangt man in das Obergeschoss, wo man das kleine Sebastianusrelief aus Elfenbein betrachten kann. Das Tympanon des Portals zum Ossarium ist mit der Darstellung des Jüngsten Gerichts kunstvoll gestaltet.

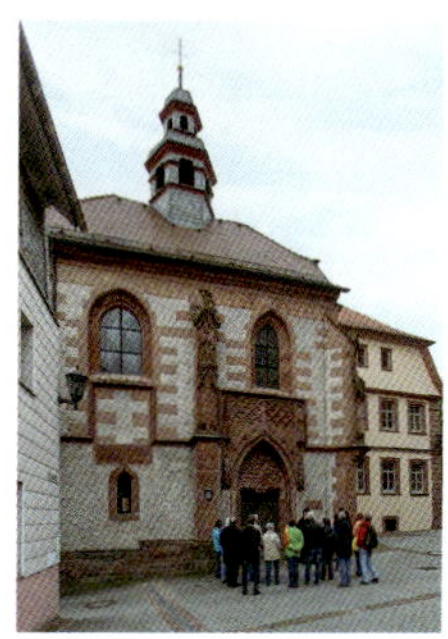
Sebastianuskapelle

Wir betreten nun die katholische **Stadtkirche St. Martin**, die auf der anderen Seite des Platzes steht. Ihre Fassade ist wie auch die der Sebastianuskapelle aus hellem Muschelkalk mit Verzierungen aus rotem Sandstein. Die Kirche wurde im neugotischen Stil von 1910 -1914 erbaut. Aber aus der romanischen Zeit blieb der Turm erhalten sowie im Innern der Kirche links neben dem Hochaltar ein Relief, auf dem Sankt Martin seinen Mantel teilt. Den Hochaltar hat der Bildhauer und Holzschnitzer Thomas Buscher 1915/16 gestaltet. Er zeigt in der Mitte die hl. Lioba mit dem Kirchenpatron, dem hl. Martin v. Tours, dessen Leben auch auf den vier Seitenflügeln dargestellt wird. Derselbe Künstler schuf auch den Lioba-Altar in der rechten Seitenapsis. Ältere Werke sind eine spätgotische Maria als Himmelskönigin (um 1450 Hans Mulscher zugeschrieben) am linken Chorpfeiler sowie ein Marienaltar in der linken Seitenapsis aus dem Jahr 1517. Dazu gehört auch das Pedrella–Relief der Wurzel Jesse aus dem 16. Jahrhundert. Wir bleiben auf der linken Seite und betrachten beim Hinausgehen in der ersten Nische den Heiligkreuzaltar von 1761 mit einer Kopie der Tauberbischofsheimer Kreuzigung von Matthias Grünewald. Das Original von 1525 befindet sich seit 1900 im Besitz der Staatlichen Kunsthalle Karlsruhe.

Kath. Stadtkirche St. Martin

Wir laufen nun links ein kurzes Stück durch die St.-Lioba-Straße, überqueren die Hauptstraße/ Fußgängerzone und kommen zum Zwinger. An dieser Verteidigungsanlage steht noch ein Haus mit einem Schindelturm aus dem Jahr 1585. Am Ende der Straße befindet sich der Schlossplatz mit dem **Kurmainzischen Schloss**. Dieses entstand als mittelalterliche Wasserburg, die ursprünglich von einem Graben umgeben war. Als ältester Teil wurde um 1280 als Bergfried der **Türmersturm** gebaut. Er hat die Jahrhunderte überlebt und gilt heute als das Wahrzeichen der Stadt. In der gleichen Zeit entstand der Hauptbau der Burg, der Palas. Im 16. Jahrhundert wurde die mittelalterliche Burg zu einem Schloss umgebaut und diente bis 1803 den Amtsmännern der Mainzer Erzbischöfe als Sitz. An der Fassade zum Innenhof hin sieht man einen Altarerker und Verzierungen durch Eckquader. Teile des Schlosses sind durch Fachwerk erweitert. Im Schloss befindet sich das **Tauberfränkische Landschaftsmuseum**. Zu den Ausstellungsthemen gehört auch die Arbeitswelt und Wohnkultur. Vor- und frühgeschichtliche Funde aus näherer Umgebung und sakrale Kunst ergänzen die Sammlung. In der ehemaligen Kutschenhalle kann der Besucher ein detailliertes Stadtmodell von ‚Bischofsheim – in der Mitte des 18. Jahrhunderts' besichtigen.

Wir verlassen den Schlossplatz und nehmen rechts einige Stufen hinunter zur Eichstraße. Wir überqueren den Mühlkanal und gehen weiter die Eichstraße, die sich zu einem kleinen Platz öffnet, von dem aus die Manggasse sowie das Fischgässchen abgehen. Hier dürfte die älteste Ansiedlung Tauberbischofsheims

Türmersturm

Tauberfränkisches Landschaftsmuseum

Schlossplatz 1
Tel. 09341 3760 oder 803-33

Geöffnet: Ostern bis Okt.:
Di-Sa 14-16.30 Uhr
So 10-12 + 14-16.30 Uhr

Stadtführung mit „Marktweib und Bürgersfraa"

gewesen sein, die Häuser gehörten kleinen Weinbauern und stehen heute unter Ensembleschutz. Wir biegen links in die Manggasse ein und nehmen gleich rechts eine Durchfahrt, die uns in den Klostergarten bringt. Auf einem Schild kann man sich über den Weinlehrpfad informieren. Am linken Rand des Gartens sehen wir den rückwärtigen Teil des ehemaligen Franziskanerklosters (17. Jahrhundert). Wir verlassen den Garten durch ein Tor, wenden uns nach links in die Klostergasse, überqueren noch einmal den Mühlenkanal und schauen uns bei Nr. 3 das ehemalige **Armenspital** an. Seine lange Entstehungszeit erkennt man an mehreren Jahreszahlen in der Fassade 1587 und 1679 über zwei Fenstern und 1605 über dem großen Einfahrtstor. Die bunten Wappen gehörten früher zu einem Haus eines reichen Kaufmanns. Heute ist das Areal noch immer ein typisch fränkischer Bauernhof. Am Ende der Klostergasse sehen wir rechts die **St Lioba-Kirche**. Die 1650 gebaute Kirche gehörte ursprünglich als Klosterkirche dem 1832 aufgelösten Franziskanerorden. 1735 wurde sie in barockem Stil wesentlich erweitert. Ehe wir unseren Rundgang auf dem Marktplatz beenden,

Peterskapelle

Bauernhofmuseum
Geöffnet nach Absprache
Telefon 09341 84 86 89

werfen wir in der Hauptstraße Nr. 31 noch einen Blick auf das Barockpalais des Weinhändlers Bögner aus dem Jahr 1744.
Wer einen kleinen Umweg machen möchte, kann westlich von der St. Martin-Kirche die St.-Lioba-Straße nach rechts gehen und gleich danach links den Struwelpfad nehmen. Der führt zur Schmiederstraße. Links sieht man auf der Museumsstraße die **Peterskapelle**, ein Bauwerk aus dem Jahr 1180, an dem sich vier Bauperioden ablesen lassen: Spätromantik, Spätgotik, Renaissance und Barock. Der älteste Bestandteil ist das mit einem runden Bogen geformte Ostfenster im Chor. Im Türsturz der nördlichen Seitentür ist Petrus mit einem Schlüssel dargestellt, unter dem ein Hahn sitzt.

Exkursion nach Distelhausen

Distelhausen wurde 1333 als ‚Tesselhusen' erstmals urkundlich erwähnt. Die Kirche St. Markus wurde 1731-38 unter der Aufsicht von Balthasar Neumann gebaut und bei der St. Wolfgang Kapelle von 1472 findet regelmäßig am Pfingstmontag eine Reiterparade statt. Im ‚Bertold's Bauernhofmuseum' in

VGMT-Haltestelle
Kirche, Distelhausen
49.59808, 9.69288

der Bundesstraße 53 kann man erleben, wie die Menschen auf den Höfen der dörflichen Gemeinschaft gelebt und gearbeitet haben. In diesem Tauberbischofsheimer Stadtteil befindet sich auch die Distelhäuser Brauerei, die 1811 gegründet wurde und sich seit 1876 im Besitz der Familie Bauer befindet. Direkt daneben liegt das Brauhaus mit Biergarten, wo man Bierspezialitäten und leckere Schmankerl genießen kann.

Exkursion nach Dittigheim

Dittigheim liegt ebenfalls am 5*-Radweg ‚Liebliches Taubertal' und hier steht die von dem berühmten Baumeister Balthasar Neumann 1748 – 1752 errichtete Barockkirche. Sie ist in bäuerlicher Tradition nach St. Vitus, einem der vierzehn Nothelfer, benannt.

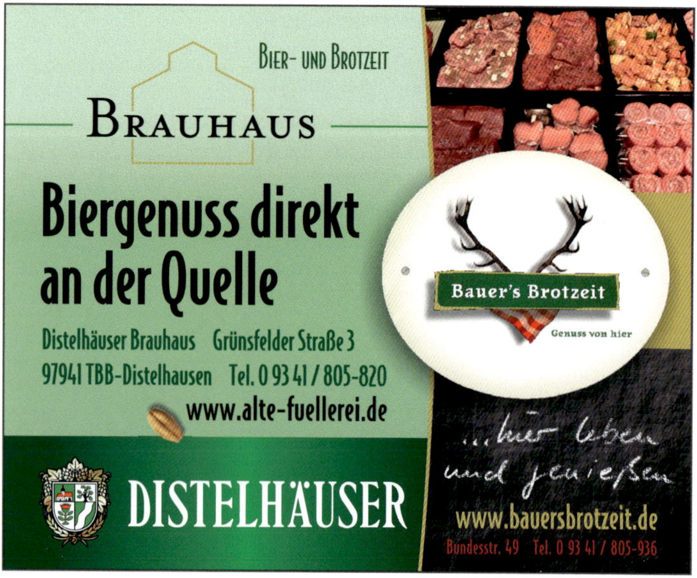

Königheim

Ortsteile: Königheim, Brehmen, Gissigheim, Pülfringen

Von Anja Göbel

Weinanbau in Königheim

Weinblütenfest jährlich am letzten Juni-Wochenende

Informationen in der Weinroute ab Seite 201

Geokoordinaten Startpunkt

Brehmbachbrücke, Tauberbischofsheim
49.618044, 9.592163

Die Geschichte Königheims reicht zurück bis ins 7. Jahrhundert. Die erste schriftliche Erwähnung gab es um 1099 in Notizen des Klosters Amorbach. Im Laufe seiner Geschichte wechselte Königheim mehrfach seine Besitzverhältnisse, so gehörte es u.a. zu den Bistümern Würzburg und Mainz. 1806 schlug Napoleon Königheim dem Großherzogtum Baden zu. Er wurde geprägt als Marktflecken und Weinort, was bis heute bei einem Rundgang durch den Ort zu spüren ist. Im 15. Jahrhundert erhielt Königheim sein erstes Marktrecht, das Recht, einen Jahrmarkt abzuhalten.

Unseren Rundgang beginnen wir an der Brehmbachbrücke, dort, wo die Kapellengasse und die Weinstraße auf die Hauptstraße münden. Über die Weinstraße wurde der Königheimer Wein ins Maintal und nach Frankfurt gebracht. Der **Brehmbach** plätschert friedlich durch den Ort und lässt kaum ahnen, dass er den Einwohnern immer wieder zerstörende Hochwasser brachte, zuletzt 1984 mit einem Schaden von 40 Millionen DM. Mehr als 20 Brücken führen über den Bach und ermöglichen den Zugang zu den jenseits der Hauptstraße liegenden Gassen und Häusern – dies trug Königheim früher den Beinamen ‚Klein-Venedig' ein. Ursprünglich waren die Bogenbrücken hoch gewölbt, davon sind heute nur noch wenige erhalten. Die Brücke, auf der wir stehen, wurde nach altem Vorbild wieder errichtet. Auf ihr betrachten wir die **Statue des Hl. Nepomuk**, einen der vielen Bildstöcke, Zeugnisse der Volkskunst vergangener Zeiten, die typisch sind für die Umgebung Königheims. Im 17. und 18. Jahrhundert wurden sie als Ausdruck von Volksfrömmigkeit meist von Bürgerinnen

Statue des Hl. Nepomuk

Kapellengasse 1

Informationen über

Tourismusverband Liebliches Taubertal

Tauberbischofsheim
Gartenstraße 1
Tel. 09341-825806

gestiftet. Laut Inschrift ließen Oberschultheiß Georg Andreas Leo und seine Frau Rosalia die Statue am 10. Mai 1715 errichten, sie ist noch teilweise bemalt bzw. übermalt. Neben dem Bildstock ist in großen Schriftzügen auf Holztafeln der Satz „Alles ist Übergang zur Heimat hin“ angebracht. Wir überqueren den Brehmbach und biegen in die Kapellengasse ein. Am Eingang der Gasse, Haus Nr. 1, betrachten wir eines der für Königheim typischen Rundbogentore der alten Weinhöfe. Die Seitenbögen mit den aus rotem Sandstein gehauenen Quadern lenken den Blick zum Scheitelstein, der mal das Erbauungsjahr des Hauses angab, mal durch sogenannte Hauszeichen den Beruf der ersten Bewohner. Einige Tore hatten im Schlussstein prächtig gestaltete sogenannte ‚Neidköpfe‘, so auch das Tor der Kapellengasse Nr. 1. Die Zunge hängt unnatürlich weit heraus, die glotzenden Augen stehen drohend hervor, sehr abschreckend sieht der Neidkopf aus. Das Tor vor dem wir stehen stammt aus dem Jahre 1715 und wurde von dem Weinhändler Johann Henrich Dürr errichtet. Wir folgen der Kapellengasse, bis wir den Friedhof mit der Friedhofskapelle erreichen. Als **Marienkapelle**

Königheim

ist sie bereits 1390 erwähnt. Nach mehrmaligen Umbauten im Laufe der Jahrhunderte sind an der Nordwand der Kapelle noch Wandmalereien aus den Jahren um 1500 erhalten, außerdem Renaissancemalereien an den Fenstern des Chores.

Wir gehen auf der Kapellengasse den gleichen Weg zurück, bis wir wieder den Brehmbach erreichen, biegen nach rechts auf die Hauptstraße und folgen ihr Richtung Kirchplatz. Auf der linken Seite können wir einige der alten Häuser der früheren Weinhändler mit ihren typischen runden Hoftoren sehen. Viele der Häuser haben noch große Gewölbekeller, in denen früher der Wein gelagert wurde. Am Kirchplatz angekommen betrachten wir dort zuerst das **Fachwerkhaus Hauptstraße Nr. 27** aus dem Jahre 1659. An der rechten Außenseite ist eine Mari-

Pfarrkirche St. Martin

Kaufmannsladen Waltert

Haus Waltert

Kaufmannsladen Waltert
Frau Waltert
Tel. 09341-4468

enstatue mit einem Jesuskind aus dem 17. Jahrhundert angebracht. Ein wirkliches Schmuckstück befindet sich im Inneren des Hauses. Die heutige Eigentümerfamilie, deren Vorfahren in dem Haus früher einen Friseursalon sowie einen Kaufmannsladen betrieben, hat in einem Raum ihres Hauses einen alten **Kaufmannsladen** mit originalen Stücken eingerichtet. Die Eigentümerin, Frau **Waltert,** zeigt nach vorheriger Rücksprache gerne ihren Schatz.

Direkt am Kirchplatz steht die imposante **Pfarrkirche St. Martin**, weiß mit rotem Stein; sie gilt als Kleinod fränkischer Barockbaukunst. Nachdem die ursprüngliche frühbarocke Kirche zu klein wurde, beauftragte der damalige Pfarrer den Architekten Michael Anton Müller mit einem Neubau, den dieser in den Jahren 1752-1756 durchführte. Müller entlehnte den Bauplan für die Kirche mit einigen Änderungen seinem Meister Balthasar Neumann. Dieser hatte die Pläne 20 Jahre früher für die Paulinus-Kirche in Trier gezeichnet. Wir steigen die doppelläufige Freitreppe aus rotem Stein empor und bleiben auf dem ersten Podest stehen, um die in eine Nische eingelassene Ölbergszene aus der Werkstatt des Bildschnit-

Pfarrkirche

Rathaus

VGMT-Haltestelle
Rathaus, Königheim
49.61801, 9.59546

zers und Bildhauers Tilmann Riemenschneider (1460-1531) zu betrachten. Das Kunstwerk entstand 1499 und zeigt diese Jahreszahl auf einem Bogenstein zusammen mit der ältesten erhaltenen Form des Königheimer Wappens, einer Kanne. Wir betreten die Kirche durch ihre schwere, eisenbeschlagene Holztür. Im Kircheninneren empfängt uns ein sehr großes Gotteshaus mit riesigen Deckengemälden (gemalt von dem Tiepolo-Schüler Georg Anton Urlaub) im venezianischen Stil. Über dem Tabernakel sehen wir das sechs Meter hohe Mittelbild, auf dem der Märtyrertod des zweiten Patrons der Kirche, des Hl. Nepomuk, dargestellt wird. Auf sechs mächtigen Säulen mit korinthischem Kapitell ruht der Oberbau mit der großen Statue des ersten Kirchenpatrons, dem Hl. Martin. Er sitzt auf seinem Pferd und reicht dem Bettler seinen Mantel. Die Kanzel aus dem Jahre 1756 ist mit ihren reichen Verzierungen ein Meisterwerk des Rokoko.

Wir verlassen die Kirche und wenden uns nach links dem **Pfarrhaus** zu. Das einstöckige Gebäude aus rotem Buntsandstein und mit grü-

Weingut Schmidt

Weingut Siegfried Schmidt
Hauptstr. 33, Tel: 09341/3688
www.schmidt-weine.de

nen Klappfensterläden ist 1882 erbaut. Wir gehen ein paar Schritte weiter und biegen links auf die Hauptstraße, wo wir direkt vor dem **Rathaus,** zwei aneinander grenzenden Fachwerkbauten stehen. Der Westteil wurde 1707 als Rathaus erbaut, was wir auch auf einem barocken Wappen an der Fassade lesen können. Der Ostteil war ehemals, seit dem 16. Jahrhundert schon, ein Gasthaus; in der ersten Hälfte des 20. Jahrhunderts vereinigte die Gemeinde das alte Fachwerkhaus mit dem Rathaus. Wir spazieren weiter die Hauptstraße entlang vorbei an alten Gasthäusern und Weinhandlungen. Vor Nr. 33, dem **Weingut Schmidt**, einem zweistöckigen Fachwerkhaus aus dem Jahre 1741, bleiben wir stehen und betrachten die schönen Holzschnitzereien am Balkon, die in acht Bildern den Weg des Weins vom Setzen des Weinstocks bis hin zur Verkostung zeigen. Wir überqueren die Hauptstraße und gehen auf der anderen Seite, entlang des gemächlich gurgelnden Brehmbachs, zurück. Wir biegen linker Hand in die Münzgasse ein und stehen vor Nr. 2. und betrachten die Gedenktafel, die daran erinnert, dass hier bis März 1945 die Synagoge stand. Die größte Mitgliederzahl hatte die Königheimer jüdische Gemeinde in den 1870er Jahren, danach nahm ihre Zahl durch Ab- und Auswanderung stetig ab, 1938 lebten noch 23 Menschen jüdischen Glaubens in Königheim. Diejenigen, die es nicht rechtzeitig schaffen konnten auszuwandern, wurden 1940 nach langen Qualen deportiert und wurden fast alle ermordet.

Nachdem wir vor dieser kleinen Erinnerung gegen das Vergessen innegehalten haben, wenden wir uns wieder der Hauptstraße zu und folgen unserem Rückweg, bis wir links in die Faktoreigasse einbiegen. Direkt an der Ecke sehen wir ein schönes Fachwerkhaus, das in den 80er Jahren an der Stelle eines früheren jüdischen Gewerbegebäudes, welches die Flut vernichtete, gebaut wurde. An der Außenwand des Hauses Nr. 5 können wir ein Schild sehen, auf dem angezeigt wird, wie hoch das Wasser an dem verheerenden Fronleichnamstag 1984 stand, als Königheim überflutet wurde. Danach spazieren wir entlang der Hauptstraße und dem Brehmbach zurück zu unserem Ausgangspunkt.

Jüdischer Friedhof

Schutzengelkapelle

Tipp: Jüdischer Friedhof Königheim
Um zum jüdischen Friedhof Königheims zu gelangen, überqueren wir nach dem Weingut Schmidt (Hauptstraße 33) die Straße und laufen Richtung Ortsausgang, wir gehen rechts unter einer Straßenbrücke hindurch und biegen danach gleich rechts in den Klinggraben ein, den wir ein Stück hoch steigen. An der ersten Gabelung nehmen wir einen schmalen Waldweg scharf links, der uns direkt zum jüdischen Friedhof führt. Außerhalb des Ortes an einem Steilhang im Wald mussten die jüdischen Einwohner Königheims ihre Toten bestatten. Der Friedhof, der abgeschlossen ist, mit seinen etwa 50 Gräbern, ist der letzte Zeuge jüdischen Lebens in Königheim.

Exkursion nach Gissigheim
Auf den in Gissigheim im Rahmen der 1000-Jahr-Feier aufgestellten Schildern erfahren wir viel Wissenswertes und können alte und neuere Ansichten von Gebäuden und Plätzen betrachten. Die barocke **Schutzengelkapelle** in der Dorfmitte steht an der Ecke, an der die Schloßstraße in die Brehmer Straße übergeht. Die frühere Pfarrkirche Gissigheims befand sich außerhalb am Friedhof. Da der Weg dorthin recht beschwerlich war, entschlossen sich die Ortsadeligen, die Familie von Bettendorf, der Bevölkerung eine Kapelle im Dorf zu bauen. Außerdem sollte die 1710-1712 erbaute Kapelle noch die Bettendorf`sche Familiengruft enthalten. 1711 starb Johann Phillipp von Bettendorf als General der pfälzischen Truppen auf einem Feldzug in Schlesien. Seine Witwe ließ daraufhin die Kapelle seinem Namenspatron, dem Hl. Phillipp Neri, weihen. Dieser wird

Schutzengelkapelle Gissigheim

durch eine der beiden an der Eingangsfassade außen in je eine Nische eingelassenen Statuen dargestellt. Die andere Statue zeigt den Hl. Johannes, Gründer des Jesuitenordens. Der Sohn Johann Phillipps von Bettendorf und seiner Frau, Oberst Christoph Friedrich von Bettendorf, geriet in einem der sogenannten ‚Türkenkriege' in Gefangenschaft und gelobte, dass er im Falle seiner Befreiung die Kapelle den Hl. Schutzengeln weihen wolle. Nach seiner Befreiung erfüllte er 1738 sein Gelübde; seit 1739 findet an jedem ersten Sonntag im September in Gissigheim das Schutzengelfest statt. Im Kircheninneren können wir den barocken Altar mit dem Wappen der Familie Bettendorf-Frankenstein betrachten. Wertvollstes Kunstwerk in der Kapelle ist das große Weihnachtsbild, das aus der alten Pfarrkirche stammt, 1683 von dem Kitzinger Maler Johann Paul Codomann gemalt.

Nach dem Verlassen der Kapelle laufen wir die Schloßstraße hinunter, vorbei an einem plätschernden Brunnen zur **Pfarrkirche Sankt Peter und Paul**. Beeindruckend ist die Chorwand hinter dem Altar, 1961 von dem Karlsruher Kunstmaler Otto Stolzer gestaltet: Jesus thront

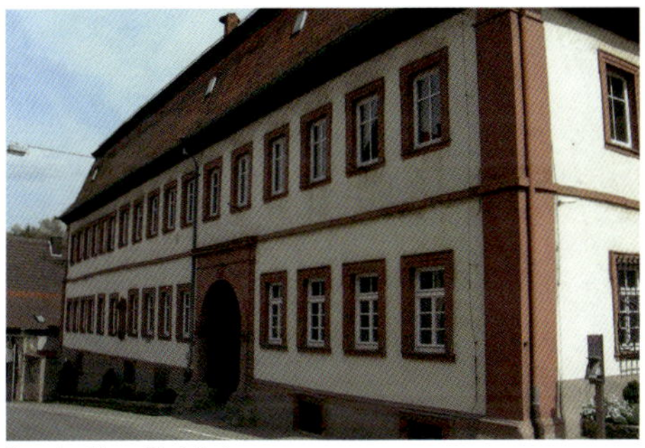

Barockschloss Gissigheim

umgeben von den vier Evangelistensymbolen (Mensch, Löwe, Stier, Adler) als Lehrer und Weltenrichter vor einem großen Kreuz und verkündet mit aufgeschlagenem Buch und erhobener Hand: „Ich bin der Anfang und das Ende". Etwas weiter die Schloßstraße hinunter, bei Nr. 27, stehen wir vor dem Ort der ehemaligen Synagoge. Die jüdische Gemeinde des heutigen Ortsteils entstand im 16./17. Jahrhundert und existierte bis 1894. Nach der Schließung der Synagoge wurde das Gebäude als Wohnhaus umgebaut und 2006 abgebrochen. Die hebräische Inschrift über dem Eingangstor blieb erhalten. Weiter in der Schloßstraße kommen wir zum **Bettendorf`schen Schloss.** 1726/27 wurde das langgestreckte, einstöckige Gebäude mit in rotem Buntsandstein eingefassten Fenstern und Torbogen erbaut. Im zweiten Stock befindet sich noch heute ein gut erhaltener Festsaal mit aufwendiger Stuckdecke.

Exkursion nach Pülfringen

Pülfringen ist bis heute landwirtschaftlich geprägt. Sehenswert sind hier besonders die 14 Kreuzwegbildstöcke, die im Pülfringer Friedhof stehen.

Kreuzwegbildstöcke Friedhof Pülfringen

Exkursion ins Naturschutzgebiet Haigertal

Für Naturbegeisterte lohnt sich ein Ausflug ins Haigertal. Auf den steilen, sonnenbefluteten Hängen aus Muschelkalk wachsen zahlreiche geschützte Pflanzen. Wie der Diptam, auch ‚Brennender Busch' genannt, der in vielen Gebieten Deutschlands als stark gefährdet oder ausgestorben gilt. Die reiche Flora bietet zudem einen Lebensraum für seltene Schmetterlingsarten und Insekten. Besonders sind auch die Vorkommen von mehr als 11 Orchideenarten, die auf dem Trockenrasenboden gute Lebensbedingungen finden.

Werbach

Ortsteile: Werbach, Brunntal, Gamburg, Niklashausen, Wenkheim, Werbachhausen

Von Anja Göbel

Geokoordinaten Startpunkt

Ecke Hauptstraße /
Am Pfarrgarten, Werbach
49.670682, 9.638566

Werbach wird um 1200 zum ersten Mal urkundlich erwähnt. Vom 14. Jahrhundert an gehörte Werbach – durch Tauschgeschäfte und Verpfändungen wechselnd - zu Kurmainz und zum Bistum Würzburg. Wie in Königheim endete die Zugehörigkeit zum Kurfürstentum Mainz 1803, Werbach fiel zunächst an das Fürstentum Leinigen, bis es auch 1806 dem Großherzogtum Baden zugeschlagen wurde. In die Geschichte Werbachs fielen einige leidvolle Ereignisse. Im 16. und 17. Jahrhundert wütete die Pest, im 30jährigen Krieg wurden Teile des Dorfes niedergebrannt. Im Deutschen Krieg von 1866, auch Bruderkrieg genannt, kämpften am 24. Juli bei Werbach und Hochhausen Oldenburger und Badener Truppen.

In Werbach beginnen wir unseren Weg an der Ecke Hauptstraße / Am Pfarrgarten. Dort besuchen wir zunächst die **Pfarrkirche, die dem Hl. Martin geweiht** ist und in den Jahren 1841-43 errichtet wurde. Wie eine ‚Ortskrone' thront die in rotem Buntsandstein erbaute Kirche über dem Dorf. Die Kirche ist als dreischiffige Anlage erbaut, auffallend ist der Rundbogen. Im Inneren beeindruckt sie durch ihre Größe. Eine Darstellung auf den bei Sonneneinstrah-

Pfarrkirche St. Martin

Bildstock bei St. Martin

Die Anfänge der Sebastianus-Bruderschaft liegen wahrscheinlich im 14. Jahrhundert, als die Pest auch in Werbach wütete. Damals sollen nur von wenigen Familien (überliefert etwa sieben bis neun) Angehörige überlebt haben. Niemand mehr konnte Särge zimmern, niemand mehr die Toten beerdigen. Die Überlebenden schworen damals, eine Bruderschaft zu gründen (benannt nach St. Sebastianus, dem im Mittelalter stark verehrten „Pestheiligen"), die Pestkranken zu beerdigen und die Toten zu bestatten. Die letzten Werbacher sollen daraufhin vom Tode verschont worden sein. Noch heute existiert die Bruderschaft, und im Gegensatz zu früher dürfen mittlerweile auch zugezogene Werbacher Mitglied werden. Noch heute geben die Brüder den Toten das letzte Geleit, sind Sargträger, unterstützen Angehörige bei der Vorbereitung von Beerdigungen und spenden ihnen Trost.

VGMT-Haltestelle Martplatz, Werbach
49.66735, 9.63992

lung wunderschön leuchtenden Fenstern im Chorraum zeigt auch den Werbacher Ortspatron St. Sebastian.
Hinter der Kirche können wir einen **Bildstock** bewundern, bei der hiesigen Darstellung werden christliche Motive verbunden mit dem für die Region typischen Weinstock und Rebensaft. Von der Kirche St. Martin aus überqueren wir die Hauptstraße und die Böttigheimer Straße in die Friedhofstraße, laufen diese einige Meter entlang, bis wir nach links in die kleine Straße Am Hohlenweg einbiegen. Zu unserer Rechten liegt der heutige Friedhof Werbachs, an dem wir entlang laufen. Direkt dahinter stoßen wir auf ein **Gräberfeld der Hallstattkultur** (8. – 5. Jahrhundert v. Chr.). Die insgesamt 18 geborgenen Gräber sind Ausschnitte aus einem Gräberfeld unbekannter Größe. Wir stehen nun vor vier vollständig wieder aufgeschütteten Gräbern. Das Gräberfeld bestand aus kleineren Grabhügeln mit Durchmessern von 2,5 bis 11 Metern. Die einzelnen Hügel wa-

● Routenstart

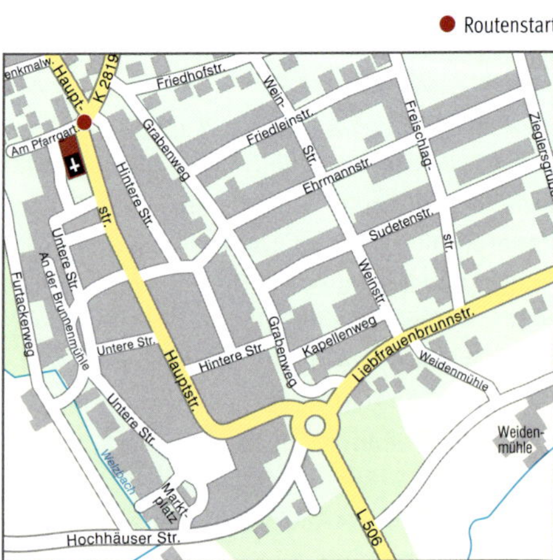

Hügelgräber

ren jeweils mit Kreisen aus senkrecht stehenden Platten oder Blöcken aus Buntsandstein umgeben. Wahrscheinlich wurden die Toten der Hallstattkultur in der Hügelmitte in niedrigen, hölzernen Grabkammern bestattet. Als Hallstattzeit bezeichnet man die ältere vorrömische Eisenzeit in weiten Teilen Europas von etwa 800 - 450 vor Christus. Mit der eisenzeitlichen Hallstattkultur in Mitteleuropa steht die Nennung der Kelten im Zusammenhang. Die Hallstattkultur trägt ihren Namen nach einem im 19. Jahrhundert in Österreich entdeckten großen Gräberfeld.

Exkursion zur Liebfrauenbrunnkapelle

Etwa einen Kilometer entfernt liegt die **Liebfrauenbrunnkapelle.** Seit urdenklichen Zeiten stand an der Quelle außerhalb Werbachs ein Muttergottesbild aus Stein. Die erste Kapelle wurde wohl Anfang des 15. Jahrhunderts errichtet. An Stelle dieser offenen Holzkapelle wurde 1902 eine Kapelle im gotischen Stil aus rotem Taubertal-Sandstein erbaut, direkt über dem Bach und der Quelle. Der Sage nach gingen im Sommer die Landarbeiter aus den Weinbergen über die Wiesen des Martin Stür-

Liebfrauenbrunn mit Kreuzweg

mer, um sich an der Quelle zu laben. Dieser war darüber so böse, dass er die Quelle durch das Hineinschütten von Quecksilber vertrieb. Daraufhin wurde er von Gott schwer gestraft, verlor seine Familie und wurde schwer krank, Erst als er gelobte, die Quelle wieder zu suchen und darüber eine Kapelle zur Sühne und zur Ehre der Muttergottes zu bauen und dies auch tat, wurde er gesund.

Der Flecken um die Kapelle ist idyllisch, der Welzbach fließt durch grüne Wälder, Blumen säumen seinen Lauf. Zur Kapelle hin führt ein **Kreuzweg**. Beim Zugehen auf die Kapelle sehen wir über dem Fenster einen kleinen Aufbau, in welchem eine Statue der Jungfrau Maria steht. Über die Treppe links der Kapelle führt der Weg hinunter zur Quelle, der heilende Kräfte zugeschrieben werden. Im Inneren der Kapelle prangt an der Decke ein großes Gemälde des Heidelberger Kirchenmalers Glassen: Maria mit dem Jesuskind als Helferin und Hort der Christenheit. Draußen, rechts neben der Kapelle am Kreuzweg, sehen wir einen alten Bildstock aus rotem Sandstein. Er wurde um 1753 von Georg Martin Erlenbach, Büttnermeister in Werbach, errichtet, in Erinnerung an seine Ehefrau, die neben der Kapelle starb. Auf dem unteren Sockel des Bildstocks sehen wir den Tod mit einer Sense in der Hand, an der Säule ranken Weinreben empor.

Kreuzwegstation mit Bildstock

Exkursion zum Naturschutzgebiet Lindenberg
Südlich der Liebfrauenbrunnkapelle liegt in einem kleinen Seitental der Lindenberg, trotz des angrenzenden Steinbruchs ein Naturschutzgebiet. Von Werbach aus ist es ein kurzer Spaziergang bis zu dem markierten Rundweg, der durch das Gebiet führt. Die typische Vegetationsabfolge der Taubertalhänge ist hier zu sehen – auf der Kuppe ein Eichen-Hainbuchenwald, an der Hangkante ein aufgelockerter Wald mit Krüppeleichen und –buchen, Diptam-Stauden (siehe Königheim!) an den Freiflächen des Talhangs. Auf den felsigen Partien blicken wir auf Magergraswiesen mit Wacholderbüschen sowie Trockenrasen. Auch hier gibt es einen Orchideenrundweg mit seltenen Pflanzen wie der Bienenragwurz.

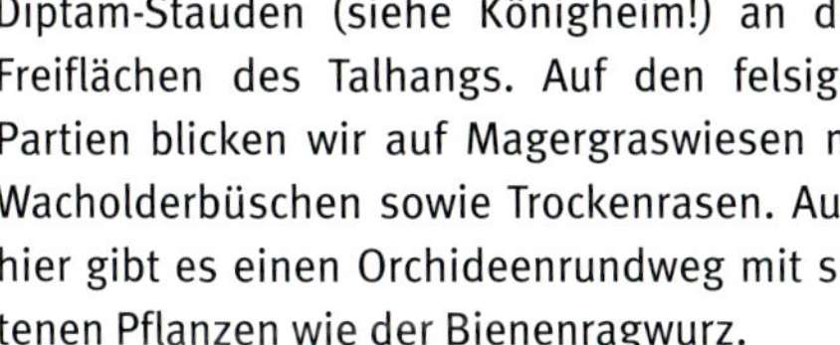

Exkursion zur ehemaligen Synagoge Wenkheim
Mitte des 19. Jahrhunderts waren etwa 15 % der rund 900 Einwohner Wenkheims jüdischen Glaubens. 1840/41 wurde die Synagoge in der Breiten Straße neben dem Welzbach errichtet. Das einstöckige Gebäude ist an der Eingangsseite (Längsseite) aus hellen Steinblöcken, an der Breitseite aus rotem Sandstein erbaut. Bis 1938 wurde es als Synagoge genutzt. Im vorderen, zur Straße hin gelegenen Bereich befand sich die zweistöckige Wohnung des Rabbiners, im hinteren Teil der Betsaal mit dem Thoraschrein – dessen Nische

Ehemalige Synagoge Wenkheim

Besichtigung und Führung nach Vereinbarung

Schuldekan
Johannes Ghiraldin
Tauberbischofsheim,
Kapellenstr. 2
Tel. 09341/121 90

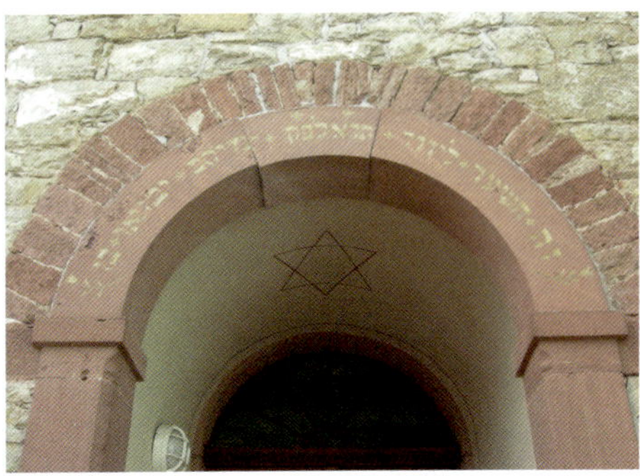

Inschrift ehemalige Synagoge Wenkheim

ist heute noch innen an der Ostwand sichtbar. Über dem Eingangstor, einem Rundbogentor aus rotem Sandstein, steht in hebräischer Schrift Vers 20 aus Psalm 118: „Dies ist das Tor zum Herrn, die Gerechten treten hier ein." Beeindruckend sind im Inneren die Stuckkassettendecke, der Arkadengang und die vergitterte Frauenempore.

Pfeifer-Museum

Führungen: Marlise Düx
Niklashausen, Bergstraße 18
Tel. 09348 460

Pfeifer-Museum Niklashausen

Der Schafhirte Hans Böhm war durch sein Instrumentenspiel als Pfeiferhannes von Niklashausen auf bäuerlichen Festen bekannt. Im März 1476 verbrannte er seine Instrumente und gab bekannt, die Jungfrau Maria sei ihm im Traum erschienen und habe ihm aufgetragen zu predigen. Nur mehr im Taubertal sei Heil zu erfahren, und alle, die hier beteten, sollten völligen Ablass erhalten. In der kommenden Zeit zog der Pfeifer durch seine Visionen und Predigten große Volksmengen an; er wandte sich gegen Pfaffentum und Fürstenherrschaft. Er forderte freie Jagd und Fischfang sowie gleichen Besitz für alle und eiferte gegen Frondienste. Um die 70.000 Menschen sollen nach Niklashausen gepilgert sein, um den sozial-revolutionären Reden des Pfeiferhannes zu zuhören. Den Machthabern gefiel dies selbstverständlich nicht und sie griffen ein. Auf Befehl des Fürstbischofs von Würzburg wurde der Pfeifer im Juli 1476 festgenommen und nach sechstägiger Haft in Würzburg als Ketzer und Volksaufwiegler verbrannt. Bis zum Schluss soll er mit heller Stimme Marienlieder gesungen haben. Die Lebensgeschichte von Hans Böhm ist heute in der Pfeiferstube in Niklashausen dokumentiert. Diese befindet sich im 1819 als Schulhaus mit Lehrerwohnung und Ratszimmer erbauten heutigen Rathaus, einem Fachwerkhaus. Das Museum präsentiert neben der Pfeiferstube auch heimatkundlichen Themen (Bauernstube; Steinhauerstube).

Pfeifer-Museum Niklashausen

Exkursion nach Gamburg

Durch Ausgrabungen weiß man, dass schon sehr früh eine Ansiedlung jenseits der Tauber bestand und die heutige Burg an Stelle einer Vorgängerbefestigung errichtet wurde. Bereits in der Jungsteinzeit wurde in dem Gebiet gesiedelt, später durch Kelten und Germanen. In den Gamburger Wäldern existieren noch zahlreiche Grabhügel aus dieser Zeit. Unseren Spaziergang in Gamburg beginnen wir auf einem kleinen Parkplatz rechter Hand direkt hinter der Tauberbrücke. Zunächst betreten wir die Brücke und sehen uns die Statue des **Hl. Nepomuk** an. Geboren um 1350 wurde er im Streit mit König Wenzel in Prag 1393 von der Karlsbrücke aus in der Moldau ertränkt; 1729 wurde er heiliggesprochen. Die eindrucksvolle, sich auf einem Sockel über die Tauber erhebende Statue, vor der wir stehen, ist eine

Gamburger Buscher-Museum

Thomas-Buscher-Str. 8
Geöffnet So 14-17 Uhr
Tel. 09348-225

Statue des Hl. Nepomuk

Hokemo-Brunnen Gamburg

Kopie des 1971 gesicherten Originals. Die lateinische Inschrift im Sockel besagt: „Aus Liebe zum Vaterland und zu Ehren des heiligen Johannes Nepomuk hat diese Statue errichten lassen Johann Bernhard Kaltwasser im Jahre des Herrn 1730." Wir wenden uns dann dem Ort zu. Vor ihm liegen blühende Obstbaumwiesen, über dem Ort erhebt sich der bewaldete Hügel mit der Burg Gamburg. Über die Brückenstraße spazieren wir in den Ort, bis wir auf den sogenannten **Hokemo-Brunnen** (mundartlich für Hakenmann-Brunnen) stoßen. Entworfen wurde der Brunnen 1908 von Clemens Buscher (1855-1916). Der Brunnen mit der schrecklichen Fratze des Hakenmannes erinnert an eine alte Sagengestalt, von der erzählt wird, dass er Kinder, die ihren Großmüttern nicht gehorchen, mit Haken in die Tauber lockte. Bis heute ist der Hokemo in Gamburg, besonders im Fasching, eine allgegenwärtige Sagenfigur. Linker Hand vom Brunnen biegen

Gamburg

wir in die Kirchstraße ein und gehen die ansteigende Gasse hinauf bis zur katholischen **Kirche St. Martin**. Diese wurde in den Jahren 1895 bis 1898 im neugotischen Stil erbaut. Der Bruder von Clemens Buscher, Thomas Buscher (1860-1937), ebenfalls Bildhauer, hat die Kirche innen mit Hochaltar, den beiden Seitenaltären, der Kommunionbank, der Kanzel, zwei Beichtstühlen und diversen Figuren ausgestaltet. Beim Abriss der alten vorherigen Kirche wurde eine spätgotische **Marienstatue** von Tilman Riemenschneider erhalten, die Buscher in seinen Muttergottes-Altar integrierte: Er schuf einen prachtvollen Flügelaltar mit Szenen aus dem Marienleben und fröhlich musizierenden Engeln. Wir verlassen die Kirche und biegen links in die Thomas-Buscher-Straße ein, diese führt uns zum Hohlweg oberhalb von St. Martin. Dort verweilen wir am 1906 von Clemens Buscher entworfenen **Sonnenbrünnle**. Es wurde erbaut, um die Wasserversorgung an der

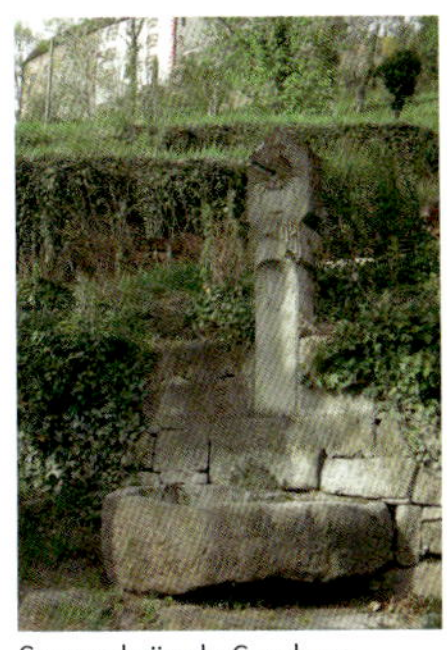

Sonnenbrünnle Gamburg

Burg und Burgpark Gamburg

Geöffnet an Wochenenden, Feiertagen oder auf Anfrage

Tel. 09348-605

Weitere Informationen finden Sie unter ‚Kultur- und Freizeit-Tipps' auf Seite 199

Burghalde zu sichern. Das Sonnenbrünnle ist ein schöner Ort zum Rasten. Von dort aus hat man auch einen schönen Blick auf St. Martin und, oberhalb des Brunnens, auf das sogenannte Türmle, den Rest eines früheren Tores der Ortsbefestigung. Wenn man dem Hohlweg weiter bergan folgt, erreicht man die Burg.
Die malerisch über der Tauber thronende **Gamburg** wurde Mitte des 12. Jh. als Grenzfestung des Mainzer Erzstifts erbaut. 1157 wurde sie Lehen und Residenz der aufstrebenden Edelfreien von Gamburg. Der in Europa kulturhistorisch einzigartige Saalbau, den Beringer d. J. von Gamburg in den 1180er Jahren mit prächtig geschmückten Doppelarkaden erbauen ließ, trägt u.a. die ältesten weltlichen Wandmalereien nördlich der Alpen (vor 1219). Sie wurden 1986 entdeckt und zeigen Szenen des Kreuzzugs Friedrich Barbarossas mit einer frühen Darstellung des Stauferkaisers, der ersten Darstellung eines mittelalterlichen

Burgpark Gamburg

Burgtor Gamburg

Türmle Gamburg

Rosspanzers und sogar einer der ältesten Inschriften deutscher Sprache. Die Gamburg wurde, u.a. dank ihrer Rettung durch Götz von Berlichingen im Bauernkrieg, nie zerstört und befindet sich seit 1546 in Privateigentum. Der mit botanischen Raritäten wiederbelebte Burgpark wurde mit einem stimmungsvollen Lichtkonzept auf einer Terrasse direkt vor den Burgmauern angelegt. Ein Barockgarten dieser Größe als Teil einer mittelalterlichen Burganlage ist heute in Deutschland besonders außergewöhnlich. Im idyllischen Burghof finden sich verschiedene Statuen wie etwa eine kleine Zwergengalerie sowie zahlreiche mediterrane Pflanzen, die ihm ein gewisses südliches Flair verleihen.

Nach einem Besuch in der Burg spazieren wir den Weg geruhsam wieder bergab zurück zum Parkplatz an der Tauberbrücke und blicken noch einmal zurück auf das kleine Örtchen.

Altes Rathaus Külsheim

Külsheim

Stadtteile: Eiersheim, Hundheim, Külsheim, Steinbach, Steinfurt, Uissigheim

Von Jaroslava Kolar

Geokoordinaten Startpunkt

Hauptstraße, Külsheim
49.669988, 9.525774

Külsheim liegt in der Quellmulde des Amorbachs. Geologisch interessant ist der Wechsel von unterem Muschelkalk im Süden und oberem Buntsandstein im Norden. Die Stadt war durch eine etwa viereckige Stadtmauer umschlossen, von der heute noch Reste zu sehen sind. Innerhalb dieser Ummauerung wurden die Häuser verwinkelt dicht an dicht aneinandergebaut. Külsheim, als Stadt der Brunnen bekannt, zählt insgesamt 16 Brunnen, die fast alle von gefassten Quellen versorgt werden.

Die Stadt wurde erstmals 1144 unter dem Namen *Cullesheim* urkundlich erwähnt. 1255 fiel sie an Kurmainz und erhielt 1292 das Stadtrecht. Im Bauernkrieg besetzte Götz von Berlichingen mit einem Bauernheer den Ort. Külsheim trat auf die Seite der Aufständischen und wurde von Mainz mit dem Entzug seiner freiheitlichen Verfassung bestraft. 1803 kam Külsheim an das neugebildete Fürstentum Leiningen und schließlich 1806 an das Großherzogtum Baden. Im Mittelalter bestand hier eine jüdische Gemeinde und es gab eine in der Neuzeit. Nach der Judenverfolgung in der Pestzeit wurden erstmals 1378 wieder jüdische

Rathausbrunnen

VGMT-Haltestelle
Moret Brunnen, Külsheim
49.67008, 9.51797

Personen am Ort genannt. Sie standen unter dem Schutz des Erzbischofs Adolf von Mainz. Die jüdischen Familien lebten überwiegend vom Handel mit Vieh und Landesprodukten. An Einrichtungen hatte die jüdische Gemeinde eine Synagoge, eine Schule, ein rituelles Bad und einen Friedhof.

Wir beginnen unseren Spaziergang an der Kreuzung der Hauptstraße, die durch die Külsheimer Ortsmitte führt. Links sehen wir den Hinweis ‚Rathaus Schloss Festhalle' und nur wenige Schritte davon entfernt, auf dem Place de la Fontaine de Moret-sur-Loing, finden wir den **Moret Brunnen**. Dieser Brunnen, der ein Mahlwerk darstellt, wurde anlässlich des 20-jährigen Jubiläums mit der französischen Partnerstadt Moret-sur-Loing neu geschaffen. Der weiße Kalkstein, der das Mühlrad symbolisiert, stammt aus der Partnerstadt. Schräg gegenüber finden wir den **Untertorbrunnen**. An dieser Stelle befand sich früher das untere Tor der Stadtmauer. Wir folgen der Hauptstra-

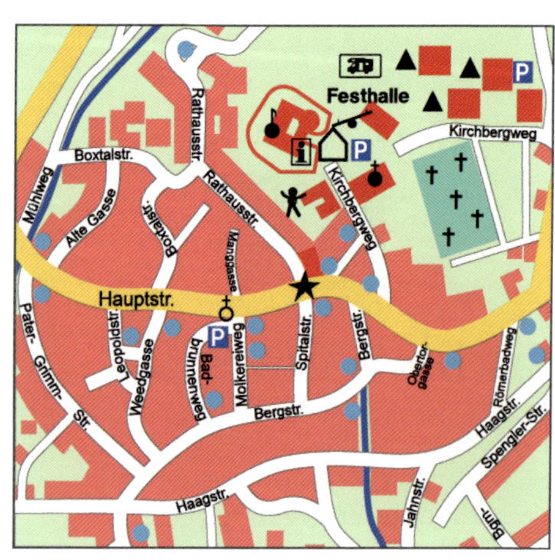

ße weiter, rechts und links biegen verwinkelte Seitenstraßen mit weiteren Brunnen und teils schön renovierten Fachwerkhäusern ab. In der gegenüber der Sparkasse rechts abbiegenden Weedgasse befindet sich der **Weedbrunnen**, der 1462 – 1475 errichtet wurde. Vier Röhren entspringen aus einer runden Säule und ergießen ihr Wasser in ein rundes Becken. Auf der Säule des Brunnens steht der Hl. Johannes der Täufer. Wir steigen zur Weedgasse hoch und stoßen auf den **Edelsbrunnen**, im Volksmund Eselsbrünnle genannt. Er ist sehr niedrig, da die Quelle ganz in der Nähe liegt. Von ihm wird der Weedbrunnen gespeist. Hinter dem Brunnen befindet sich eines der hübsch renovierten Fachwerkhäuser. Wir kehren auf die

Fachwerk am Edelsbrunnen

Moret Brunnen

Weinanbau in Külsheim

Weinwandertag am dritten Wochenende im September

Informationen in der Weinroute ab Seite 201

Kapellen- / Dreischalenbrunnen

Hauptstraße zurück und erreichen nach wenigen Schritten die **Katharinenkapelle** aus dem Jahr 1444. **S**ie ist der frühchristlichen Märtyrerin Katharina aus Alexandria geweiht. Wertvolle Fresken im Chorraum der Kapelle zeigen ihre Lebensgeschichte. Nicht weniger bewundernswert ist der Altar mit dem Altarschrein der Hl. drei Könige. Vor der Katharinenkapelle rechts in den schmalen Brunnenweg einbiegend finden wir den **Badbrunnen**. Das Wasser aus dem Bassin wurde als Löschwasser genutzt. Das nebenstehende Haus diente als Badehaus. Vom Badbrunnen kehren wir zur Katharinenkapelle zurück. Gegenüber der Apsis steht der **Kapellen- / Dreischalenbrunnen**, der älteste Brunnen der Stadt aus dem Jahr 1481. Sein Wasser springt ca. 1m hoch, fällt in ein zinnernes rundes Säulenbecken, von hier verteilt es sich durch sechs Röhrenöffnungen in das zweite Abstufungsbecken aus Stein, acht Röhren lassen das Wasser dann in das untere große Steinbecken sprudeln. Nicht weit entfernt erhebt sich die **Mariensäule** aus dem Jahr 1739. Auf hohem Sockel stehend umranken Sandsteinreben die gewundene Säule. Diese barocke Form des ‚Träubelesstocks' gilt

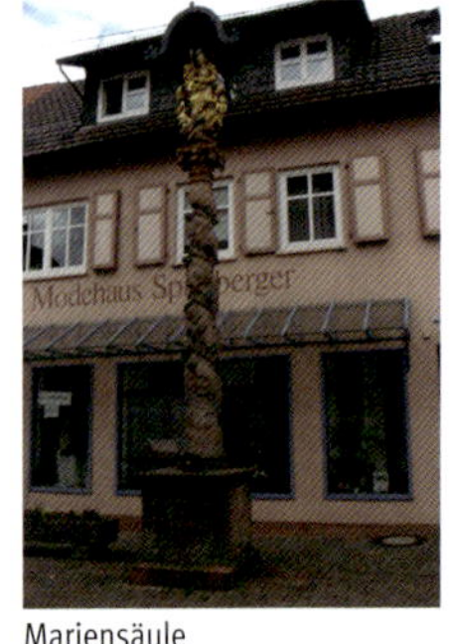

Mariensäule

Eine Mesusa (Plural: Mesusot) ist eine längliche Schriftkapsel, die dem Hauseingang schräg zugeneigt an einem Türpfosten befestigt wird. Sie kennzeichnet ein jüdisches Haus, enthält ein Stück zusammengerolltes Pergament mit handgeschriebenen Gebetsteilen und ist somit ein Symbol von Gott und seinem Schutz von Haus und Bewohnern.

als die größte Säule in Franken und wird der Bildhauerfamilie van der Auvera aus Würzburg zugeschrieben.
Wir setzen unseren Gang durch die Hauptstraße fort und stoßen weiter links auf das **Alte Rathaus** aus dem Jahr 1522. Der obere Teil des Hauses ist im aufwändigen Fach-

Altes Rathaus

Museum Külsheimer Höhe

Hauptstraße 47
Telefon: 09345/673-11

geöffnet bei Volksfesten und auf Anfrage bei der Stadtverwaltung

Kapellen- / Dreischalenbrunnen

werk gehalten, der massive Unterbau enthält Sandsteinelemente. Eine lange Geschichte und diverse Umbauten prägen dieses Haus. Der spätgotische Baustil spiegelt sich in den Gewänden der Fenster wieder. Besonders eindrucksvoll ist das Giebeldreieck mit seiner Anhäufung kleinteiliger Verstrebungsfiguren und für die damalige Bauzeit überaus moderne, freitragende Dachkonstruktion. 1999 wurde das Haus saniert und ein Treppenhaus in einer seitlichen Stahl-Glas-Konstruktion angebaut. Im Dachgeschoss befindet sich das ‚**Museum Külsheimer** Höhe', das Lebensbilder Külsheimer Persönlichkeiten präsentiert. Vor dem Rathaus plätschert das Wasser des **Rathausbrunnens**. Sein Bassin fasst 163 hl Wasser. In der Mitte ragt der Brunnenstock hoch, dem aus vier ausgehauenen Köpfen vier Röhren entspringen. Oben auf dem Brunnenstock sitzt ein Löwe und hält das Wappenschild des damals regierenden Kurfürsten von Mainz. Zur Osterzeit verschwindet der Löwe fast unter der üppigen Osterdekoration. Der Brunnen wurde 1573 errichtet. Hinter dem Rathausbrunnen steigt eine Treppe zum oberen Teil der Stadt mit Stadtkirche, Schloss und Festhalle hoch.

Am Gasthaus Zum Brunnenputzer vorbei biegen wir rechts ab in die Bergstraße, früher Judenschulgasse genannt. Auf der linken Straßenseite befinden sich Sandsteinmauerreste der **ehemaligen Synagoge** mit einer Hinweistafel. Dahinter bei Nr. 3 steht ein renoviertes Fachwerkhaus und im unteren Teil der Bergstraße rechts der **Gießbachbrunnen** aus dem Jahr 1881, der vom Obertorbrunnen mit Wasser gespeist wird. Wir kehren zurück auf die Hauptstraße und folgen ihr bis zum **Nar-**

Restaurant Brunnenputzer

renbrunnen am Kirchbergweg. Das Kernstück zeigt den Besen, den Eimer und die Narrenkappe der ‚Külsheimer Brunnenputzer', einer Fastnachtsgesellschaft. Weiter oben auf der rechten Seite fällt das **Templerhaus** mit davorstehendem Obertorbrunnen ins Auge. Die aus Bruchsteinen erstellten Umfassungsmauern des Hauses stammen aus dem 14. Jahrhundert, seine Fassaden sind rot-ocker verputzt und tragen Fenstergewände aus Sandstein. Es handelt sich wahrscheinlich um ein ehemaliges Torwächterhaus. Konsolsteine deuten auf die Existenz eines hölzernen Laufgangs als Verbindung zur angrenzenden östlichen Stadtmauer und zum Stadttor, das 1890 abgebrochen wurde. 1590-94 fand ein Umbau statt. Ein Gewölbekeller wurde unterbaut und der Torbogen in Verlängerung der Straßenfassade geschaffen. Wir biegen von der Hauptstraße links ab in einen schmalen Fußweg und steigen entlang der verbliebenen Stadtmauer die flachen Treppen hoch. Wir passieren ein schmales Tor, von Einheimischen ‚Bärloch' genannt, und gehen an der links stehenden Pfarrscheune entlang weiter. Nach dem rechts liegendem Pfarrhaus aus rotem Sandstein

Stadtverwaltung

Kirchbergweg 7

Tel. 09345-67311

Madonnenstatue

biegen wir nach rechts ab und gelangen auf den Kirchbergweg, auf dessen rechter Seite die kleine Zentscheuer und etwas weiter die katholische Kirche St. Martin stehen, geradeaus erblicken wir die Festhalle. Die ehemalige kleine **Zehntscheuer** ist ein zweigeschossiges Massivgebäude mit spätgotischen z.T. gekuppelten Fenstergewänden und einem Wappenstein des Kurfürsten Berthold von Henneberg an der Giebelseite, datiert 1499. Am Haus

Um das Jahr 1890 kamen auf ungeklärte Weise zwei von Tilman Riemenschneider gefertigte Engel von der Pfarrkirche Külsheim in die Kapelle nach Wolferstetten. 1912 wurden die Engel verkauft und befinden sich heute im Victoria Albert Museum in London.

angebaut ist ein Barockpfeiler mit Kompositkapitell, darauf eine Madonna aus dem Jahr 1729. Die Pfarrkirche **St. Martin** (Ersterwähnung 1364) steht auf dem Kirchberg, der höchsten Erhebung der Stadt und verfügt über einen spätgotischen Chor mit Netzgewölbe aus 1497 und modernem Schiff unter hohem Satteldach. Im Jahr 1772 stürzte das Langhaus ein und wurde bis 1774 neu gebaut. Der Altar ist gotisch, die Ausstattung der Kirche barock. Romanische Turmuntergeschoße stammen aus 1200. In den Jahren 1920/21 erhielt die Kirche eine neue Turmhaube mit 4 kleinen an den Ecken angebauten Türmchen.

Neben der St. Martin Kirche befindet sich ein Friedhof mit Mariengrotte und Kreuzwegstationen, sowie dem Grabstein des Bildhauers Julius Seitz. Der Friedhof war ursprünglich vollständig von einer Mauer umgeben.

Pfarrkirche St. Martin

Satue Friedhofsmauer

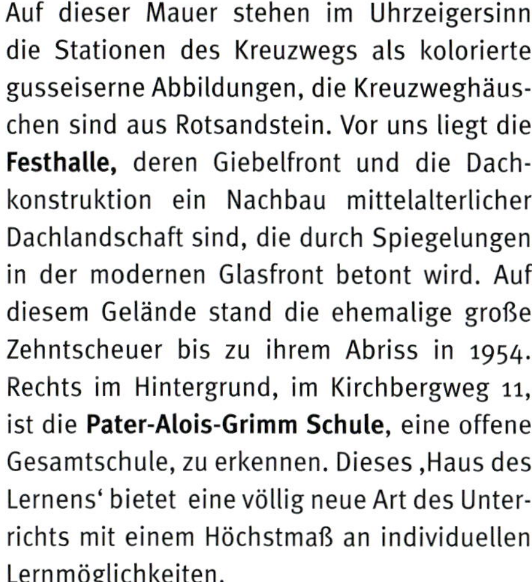
Auf dieser Mauer stehen im Uhrzeigersinn die Stationen des Kreuzwegs als kolorierte gusseiserne Abbildungen, die Kreuzweghäuschen sind aus Rotsandstein. Vor uns liegt die **Festhalle,** deren Giebelfront und die Dachkonstruktion ein Nachbau mittelalterlicher Dachlandschaft sind, die durch Spiegelungen in der modernen Glasfront betont wird. Auf diesem Gelände stand die ehemalige große Zehntscheuer bis zu ihrem Abriss in 1954. Rechts im Hintergrund, im Kirchbergweg 11, ist die **Pater-Alois-Grimm Schule,** eine offene Gesamtschule, zu erkennen. Dieses ‚Haus des Lernens' bietet eine völlig neue Art des Unterrichts mit einem Höchstmaß an individuellen Lernmöglichkeiten.
Links von der Stadthalle liegt das **Schloss.** Es handelt sich um eine Abschnittsburg aus verschiedenen Bauperioden mit viereckigem Grundriss, Innenhof, Graben, Befestigungsmauern und einem stattlichen, runden Bergfried (27m hoch, 7m Durchmesser), der nach Überlieferungen zu den ersten Bauteilen gehört und vom damaligen Landesherrn und Bischoff von Würzburg um das Jahr 1000 errichtet wurde. Das Gebäude, im wechselnden Besitz

Der in Külsheim geborene **Pater Alois Grimm** (1886 – 1944) trat 1907 in den Jesuitenorden ein und wurde 1918 zum Priester geweiht. Er wirkte als Lehrer und Jugenderzieher. Seine Kontakte zu Jugendlichen, die er über das gewaltsame Wesen des NS-Regimes aufzuklären versuchte, sowie sein offenes Kanzelwort waren den Nazis ein Dorn im Auge. 1943 wurde Pater Grimm verhaftet und zum Tode verurteilt.

Schloss Innenhof

Schloss

verschiedener Lehensherren, wurde 1260 vollständig umgebaut und stammt in heutiger Form hauptsächlich aus dem 16. Jahrhundert, der älteste Teil mit spätgotischem Erker aus dem 12. Jahrhundert. 1842 von der Stadt erworben, ist dort seit 1972 die Stadtverwaltung untergebracht. Betritt man die öffentlichen Bereiche, kann man die Stuckdecke, massive Eichenbalken oder die Treppe aus der Barockzeit bewundern. Wir verlassen das Schloss, gehen am rechts liegenden katholischen Kindergarten vorbei, lassen das Zehnthaus links liegen und biegen rechts ab auf die zum Alten Rathaus heruntersteigende Treppe. Hier endet unser Stadtrundgang.

Dreifaltigkeitskapelle Weinlage Stahlberg

Caravacakreuz

Wanderwelt rund um Külsheim

Orchideen-Wanderung, Badisch-Bayrischer Kaiserweg, Drei-Bäche-Weg, Panorama-Wanderweg, Eiersheimer Wander-Achter, Naturkundlich-Geologischer Wanderweg

Wanderung nach Uissigheim

Der Panorama-Wanderweg Nr. 4, der am Schloss startet, führt vorbei an einer Mariengrotte und einer Kneipanlage mit frischem Quellwasser bis zur Weinlage Stahlberg nördlich von Uissigheim. Der Aufstieg zum Stahlberg führt mitten durch die Weinberge, im oberen Bereich ist er von 14 Kreuzwegstationen aus rotem Sandstein gesäumt, die 1867-69 errichtet wurden. Auf dem Stahlberg befindet sich die Dreifaltigkeitskapelle aus dem Jahr 1871. Von hier steigen wir ab in Richtung Uissigheim. In der Nähe des Sportplatzes finden wir vier ehemalige **Grünkerndarren** aus dem Jahr 1890. Eine der Darren ist funktionsfähig und wird für Vorführungen genutzt.

Grünkern ist das unreife, schwach geröstete Korn der bereits 1660 erwähnten Dinkelsorte ‚Bauländer Spelz'. Er wird Ende Juli geerntet und bei 120 – 180°C gedarrt. Die Entdeckung des Grünkerns wird auf Hungersnöte vor über 300 Jahren zurückgeführt, wo Dinkel vorzeitig geerntet und im Backofen gedarrt wurde. Das Korn zeichnet sich durch einen starken Mineralstoffreichtum aus. Vor 800 Jahren erkannte die heilige Hildegard: „Dinkel führt zu einem rechten Blut, gibt ein aufgelockertes Gemüt und die Gabe des Frohsinns."

Weberei Pahl

Outlet-Store
Geöffnet
Mo-Fr 9-18, Sa 9-14 Uhr
Tel. 09345-920011

Weberei Pahl

Exkursion zur Weberei Pahl

Am Stadtrand von Külsheim, in der Webereistraße 1, ist der Firmensitz der Weberei Pahl, die 1933 gegründet wurde. In über 80 Jahren entwickelte sich die Weberei zu einem der renommiertesten Hersteller von «Textilien mit System» für Wäschereien, Hotels, Kliniken und Einrichtungen für Altenpflege. Das textile Konzept umfasst Bettwäsche, Frottierwaren, Tisch- und Küchenwäsche.

Die Firmenphilosophie, hohe Qualität, nachhaltige Produktion und ethische Werte, haben zu diesem Erfolg beigetragen. Durch innovative Entwicklung von Produkten und schnelle Lieferzeiten konnten stets neue Märkte erschlossen werden.

Mit Fertigstellung des neuen Firmengebäudes 2004 wurde ein neues Kapitel in der Firmengeschichte aufgeschlagen. Die Gesamtfläche von 20.000 Quadratmetern integriert die Produktion, Logistik und Verwaltung, sowie einen Outlet-Shop in einer einmaligen 1.500 Quadratmeter großen Erlebniswelt für Tisch-, Bett- und Badtextilien.

Wertheim

Stadtteile: Wertheim, Bettingen, Dertingen, Dietenhan, Dörlesberg, Grünenwört, Höhefeld, Kembach, Lindelbach, Mondfeld, Nassig, Reicholzheim, Sachsenhausen, Sonderriet, Urphar, Waldenhausen

Von Barbara Zeizinger

Geokoordinaten Startpunkt

Mainplatz, Wertheim
49.761988, 9.515144

Zentraler Omnibus-Bahnhof und Bahnhof Wertheim
49.76272, 9.51207

Die Ursprünge von Wertheim liegen auf der gegenüberliegenden Mainseite, dem heutigen Kreuzwertheim, das 1009 Marktrecht erhielt. Im 12. Jhd. errichteten die Grafen von Wertheim auf der anderen Seite des Flusses ihren Grafensitz. 1183 wurde eine Burg und 1244 eine Stadt urkundlich erwähnt. Der am Zusammenfluss von Tauber und Main strategisch günstig gelegene Ort Wertheim erhielt 1306 und 1333 Stadtrechte. Ab dem 16. Jhd. wurde Wertheim von den Grafen und späteren Fürsten von Löwenstein-Wertheim regiert, die sich 1621 in eine evangelische und katholische Linie trennten. 1806 kam Wertheim zum Großherzogtum Baden, Kreuzwertheim 1815 zum Königreich Bayern. Heute ist Wertheim die nördlichste Stadt von Baden-Württemberg.

Wir beginnen unseren Rundgang am Mainplatz beim **Spitzen Turm.** Man nimmt an, dass sein Unterbau aus dem 13. Jahrhundert, der achteckige Oberbau aus dem 15. Jahrhundert stammt. Dieser wurde hinzugefügt, um die Neigung des Unterbaues auszugleichen. Der insgesamt 36,5 Meter hohe Turm war Teil der im 19. Jahrhundert geschleiften Stadtbefestigung und diente als Hochwacht, um Feuer und andere Gefahren zu melden, aber auch als Gefängnis. Noch heute kann man im Innern ein Angstloch sehen. Wir laufen über den Mainplatz, der sich entlang einer Grünanlage erstreckt und sehen rechts das **Maintor.** Die Stadtbefestigung hatte ursprünglich viele Türme und 18 Tore aus dem 13. -15. Jahrhundert, zu denen auch das mit einem Zinnenkranz versehene Maintor zählte. Wir gehen hindurch und laufen ein Stück die Maingasse entlang. Dort betrachten wir bei Nr. 26 ein schieferverkleidetes

Als Angstloch bezeichnet man einen engen Zugang, der in mittelalterlichen Burgen und Festungen zu einem darunter liegenden Raum führt.

Fachwerkhaus (1573) mit mehreren Inschriften und vier Köpfen (Bürger, Kleriker, Edelmann) an der rechten Schmalseite. Bei Nr. 1, an der Ecke zur Gerbergasse, steht ein Haus aus dem Jahr 1831. Dort wurde früher Mazze gebacken und Isidor Israel betrieb hier sein gleichnamiges Café. Ein Stolperstein vor dem Haus erinnert an sein Schicksal. Wir biegen nun in die Gerbergasse ein, die diesen Namen erst seit dem Nationalsozialismus trägt, denn zuvor hieß sie Judengasse. An ihrem Ende öffnet sich der Neuplatz, der wegen seines Blickes zum Spitzen Turm auch Malerwinkel genannt wird. Hier befand sich mit der Synagoge und der Mikwe das Zentrum der einstigen jüdischen Gemeinde. Der Schattenriss der ehemaligen

Tourist-Information

Am Spitzen Turm
Tel. 09342 93509-0

Geöffnet
Apr-Okt: Mo-Fr 9-18,
Sa 10-16, So 13-16 Uhr
Nov-März: Mo-Fr 10-16 Uhr

Spitzer Turm

Synagoge (Nr.16) und der Mikwe (Badehaus) bei Nr.2/4 wird durch die Pflasterung sichtbar. Daneben befindet sich die Tourist-Information und durch einen Hausdurchgang kommt man zu einem Gedenkort für die jüdische Gemeinde. Ehe wir den Neuplatz verlassen, betrachten wir noch das Haus Nr. 6 (1583) mit einem Rundbogen und der Hausmarke des Metzgers Hans Stark. An der Mikwe nehmen wir links die Wehrgasse und kommen wieder auf die Maingasse, wo wir bei Nr. 1 -5 weitere Stolpersteine finden. Immer geradeaus bringt uns die Maingasse zum Herzstück der Stadt, zu dem langgestreckten **Marktplatz,** Hier ist nahezu jedes Haus erwähnenswert. Wir beginnen mit der **Hof Apotheke** (Ecke Maingasse/Eichelgasse) und sehen gegenüber ein gelbes Fachwerkhaus mit braunen Holzbalken, das – wie hier fast alle Fachwerkhäuser – auf einem massiven Unterbau aus Sandstein besteht. Bis 1822 befand sich hier das städtische Tanzhaus. Das schmalste Haus auf dem Platz ist das nach den gleichnamigen Rittern benannte „Zobel'sche Haus" (Nr. 6) mit einem gräflichen Wappen von Wertheim und Montfort, das links an der Frontseite auf seine Entstehungszeit um 1515/1520

Marktplatz

Weinfest ‚Schöpple‘

Weinanbau in Wertheim

Weinfest ‚Schöpple‘ jedes Jahr im Juli in der historischen Altstadt

Informationen in der Weinroute ab Seite 201

hindeutet. Am Fensterbogen rechts in der Kapellengasse findet man eine Hochwassermarke von 1764. Ein Stückchen weiter in der Kapellengasse finden wir auf der linken Seite die spätgotische **Marienkapelle.** Der einschiffige Bau mit Chor aus rotem Sandstein wurde 1447 auf dem Platz gebaut, auf dem zuvor zwei Synagogen (Judenschulen) gestanden hatten, von denen letztere im Baujahr der Marienkapelle von der christlichen Bevölkerung zerstört wurde. Sehenswert sind die bunten Glasfenster von Georg Feuerstein (1971/73) und die Kopie der ‚Kürnbacher Madonna‘ rechts über dem Eingang. Wir gehen zurück zum Marktplatz, wo wir bei Nr. 12 ein großes Wohn- und Geschäftshaus mit konstruktivem Fachwerk sehen, das **1580 als Sitz der Ritter Gebsattel** erwähnt ist. Daneben (Nr. 14), durch einen Schwippbogen verbunden, finden wir an der Ecke zur Münzgasse das schmale **Fachwerkhaus mit auffallendem turmartigen Giebel** des Tuchscherers Peter Heußlein (1521-1591), der Älterer Bürgermeister und Schultheiß war. In dem Haus befand sich im Erdgeschoss ein Laden, in dem von Wein bis hin zu Kurzwaren allerlei verkauft wurde. Dabei klappte man die

Ehemalige fürstliche Hofhaltung

damaligen Fenster als Ladentische auf. Ein altes Ladenfenster ist seitlich über dem massiven Erdgeschoss erhalten. Am Durchgang zur Münzgasse ist Heußleins Wappen zu sehen.

Ein Tuchscherer ist ein alter Handwerksberuf des Textilgewerbes und gilt als wichtiger Veredlungsschritt bei der Feintuchherstellung. Im 18 Jahrhundert kam es in Manufakturen zu Arbeitskämpfen und in deren Folge entstand der Begriff „Schererei", der von der Spezialschere dieser Handwerker abgeleitet wurde.

Über dem Neorenaissance-Brunnen aus rotem Sandstein (1882) blicken wir auf die andere Seite des Marktplatzes zu einem schieferverkleideten Gebäude (Nr. 9). Zwischen einem kleinen und großen Bogen an der Vorderseite finden wir die Jahreszahl 1560. Wir verlassen den Marktplatz, laufen die Mühlenstraße geradeaus, bis wir zu einem Plätzchen kommen. Dort steht der **Engelsbrunnen**, der ebenfalls aus Buntsandstein ist. Er wurde 1574 als städtischer Ziehbrunnen von Baumeister Michael Matzer und Bildhauer Mathes Vogel mit einer beachtlichen Bildersprache geschaffen. So sehen wir weltliche Gestalten wie Schultheiß, Ratsherr, Stadtbaumeister und Künstler. Hinter dem Brunnen kann man **zwei miteinander verbundene große Fachwerkhäuser** (Nr. 2) sehen (1573-1583). Am rechten Haus sind zwei Gerippe und eine Inschrift für „Alle Menschen die Ihr fürüber gehett" angebracht. Wir nehmen links die Rathausgasse und kommen zu mehreren Gebäuden, die inzwischen alle zu dem **Grafschaftsmuseum** gehören. Der Hauptbau stammt ursprünglich aus dem 14. Jahrhundert, 1540 kommt der Treppenturm mit einer seltenen Doppelwendeltreppe dazu. Ab 1562 -1565 baut die Stadt das Gebäude zum Rathaus aus und als solches wird es bis 1988 genutzt. Vom Hauptgebäude gelangt man durch einen verglasten Gang zu einem weiteren Teil des Museums, dem **Haus der Vier Gekrönten.** Das Fachwerkhaus aus dem 16. Jahrhundert mit Stuckdecken im Innern aus dem 18. Jahrhundert hat einen massiven Unterbau. Den

Grafschaftsmuseum Wertheim & Otto-Modersohn-Kabinett

Rathausgasse 6-10
Tel. 09342-301511

Geöffnet
Di-Fr 10-12+14.30-16.30,
Sa 14.30-16.30,
So+Fei 14-17 Uhr

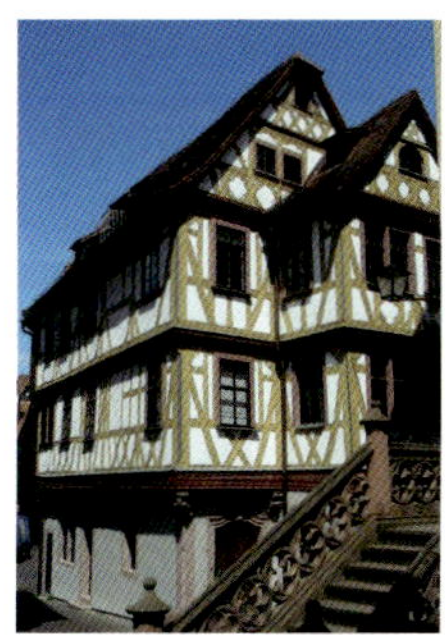

Haus der Vier Gekrönten

Das Grafschaftsmuseum bietet eine kulturhistorische Sammlung aus 900 Jahren Grafschaftsgeschichte. Ein Raum ist dem Malerehepaar Otto Modersohn und Louise Modersohn-Breling gewidmet. Otto Modersohn (1865-1943) war ein deutscher Maler und Mitbegründer der Künstlerkolonie Worpswede. In den zwanziger Jahren des 20. Jahrhunderts reiste er öfter mit seiner dritten Frau Louise Moderson-Breling (1883-1950) zu Malaufenthalten nach Wertheim.

Unter **Smalte** versteht man ein kobalthaltiges Glas, das fein gerieben als Pigment benutzt wird.

oberen Teil tragen vier Kragsteine mit Abbildungen der Schutzpatrone, der Baumeister, Handwerker und Steinmetze. Auch das auf der anderen Seite des Platzes gelegene **Blaue Haus** (1593) mit Balken aus Smalteblau ist Teil des Museums.

Dort biegt rechts die Pfarrgasse ab und wir nehmen den Weg mit Stufen, der zur Burg führt, gehen rechts die Treppen hinunter zur Schulgasse. (Alternativ kann man auch die Rathausgasse zurückgehen, links in die Mühlenstraße und wieder links in die Schulgasse einbiegen.) Nun stehen wir vor der spätgotischen **Kilianskapelle,** die ab 1472 gebaut wurde. Im Untergeschoss der Doppelkapelle befindet sich ein ehemaliges Beinhaus, um das Obergeschoss der Doppelkapelle führt ein Gang mit bemerkenswerter Maßwerkbrüstung und einem Wappenfries. An der Südseite kann man als Symbol der Eitelkeit den **Wertheimer Affen** mit seinem Spiegel bewundern. Ursprünglich war die Kapelle als Gotteshaus für die Stiftsherren gebaut worden, aber seit 1604 wurde sie als Lateinschule genutzt und erst 1903/04 wieder als Kapelle rekonstruiert. Neben der Kapelle sieht man einen runden Turm mit welscher Haube aus dem 18. Jahrhundert.

Wenn man an der Kilianskapelle die Stufen weiter geradeaus geht, kommt man nach ca. 10 Minuten zur ***Burg****, deren Baubeginn in der zweiten Hälfte des 12. Jahrhunderts liegt. Diese staufische Burg wurde später bis ins 17. Jhd. ausgebaut und war Sitz der Grafen von Wertheim. Nach einer Pulverexplosion 1619 wurde sie zusätzlich im Dreißigjährigen Krieg stark zerstört. Mit zahlreichen Gebäuden, u.a. Bergfried, Palas, Achteckturm, gehört sie zu den größten Burgruinen Deutschlands.*

Burg Wertheim

Von April bis Oktober bietet die **Burg Wertheim** eine eindrucksvolle Kulisse für ein buntes Programmangebot mit Konzerten, Theateraufführungen und Kabarettveranstaltungen.

Etwas versetzt gegenüber steht die große evangelische **Stiftskirche.** Die gotische dreischiffige Basilika aus den Jahren 1383/84 hatte romanische Vorgängerbauten. Ein Ablassschreiben aus dem Jahr 1295 erwähnt eine Marienkirche. Um 1530 wird durch Graf Georg II. in der Grafschaft Wertheim die Reformation eingeführt und die Stiftskirche wird ein evangelisches Gotteshaus. Der Baubeginn der heutigen Kirche ist durch eine Inschrift auf dem Wappenstein über der Nordpforte zu lesen. Vor dem Hauptportal finden wir einen spätgotischen Baldachin sowie ein spätgotisches Chörlein am Turm. Im Innern steht über dem Eingang der Heilig-Geist-Kapelle die Wertheimer Madonna aus dem 14. Jhd. Im großen Chor der Kirche kann man die herrschaftlichen Gräber der Wertheimer Grafen (15.-18. Jhd.) sehen. Der Turm entstand zwischen 1407 bis 1444. Während der Unterbau verputzt ist, werden die Obergeschosse durch roten Sandstein betont. Die Turmuhr (1544) gehört zu den ältesten in Deutschland und weist eine Besonderheit auf: Das östliche Zifferblatt zur Burg hin hat nur einen Stundenzeiger, während dasjenige zum Marktplatz hin bereits

Das Glasmuseum besitzt Exponate vom Luxusglas der Antike bis zur Glasindustrie. Es gibt ein Glasperlenkabinett, Glas für die Wissenschaft, regelmäßige Sonderausstellungen und tägliche Glasbläservorführungen.

Mühlenstraße 24
Tel. 09342 6866

Geöffnet Di-Do 10-17,
Fr,Sa,So 13-18 Uhr

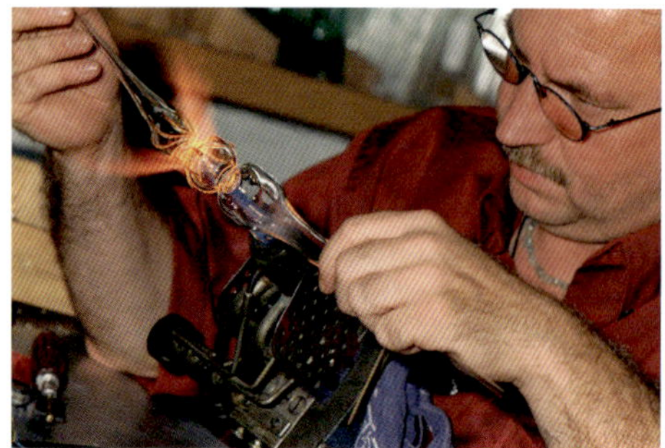

Glasmuseum

einen zweiten Zeiger hat, weil man 1670 zur alten Uhr ein Viertelstundenwerk hinzufügte. Wir laufen nun nach links die Mühlenstraße weiter, überqueren sie und gehen 50 Meter (ein Schild weist darauf hin) bis zu dem ehemaligen „Kallenbach'schen Haus (1577), in dem sich zusammen mit einem angrenzenden Fachwerkhaus das **Glasmuseum** befindet. Ein paar Meter weiter stehen wir vor dem barocken Eingangsportal (1749) mit großem Sandsteinwappen des Fürsten Carl Thomas, das zu der ehemaligen Fürstlichen Hofhaltung (bis 1781) führt. In ihr ist inzwischen als Stadtpalais das Rathaus untergebracht. Die große zweiflügelige frühbarocke Anlage ist ursprünglich aus dem mittelalterlichen Bronnbacher Klosterhof hervorgegangen und wurde im 17./18. Jahrhundert als Hofhaltung des katholischen Fürstenhauses mit Barocksaal umgebaut. Zu der Anlage gehört der Weiße Turm, der einst eine Eckbastion des inneren Stadtwehres war. Im Hof der Anlage hat man einen schönen Blick auf die Burg. Wir nehmen den offenen Durchgang in einen schönen Rosengarten. Er ist teilweise dem barocken Garten der fürstlichen Hofhaltung nachempfunden und der Ginkgobaum sowie die Pyramideneiche gehören zu dem alten Baumbestand. Wir laufen nach rechts durch einen Torbogen runter zur Tauber, wo wir wieder rechts abbiegen, um ein Stück am Fluss entlang zu laufen. Dabei passieren wir nach ca. 100 Meter das **Kittsteintor mit Rotem Turm** (15./16. Jhd.). Die Gebäude gehörten früher zur Stadtmauer. Davor sehen wir das sogenannte **Camerer'sche Gartenhaus**, in dem die Dichterin Margarete Camerer (1880 – 1961) ab 1902 wohnte. An dem Haus sind sämtliche Hochwassermarken von 1784 bis 2011 angebracht. Wir gehen weiter am Fluss entlang, bis wir am Hotel Kette rechts abbiegen, die Lindenstraße überqueren und geradeaus die Friedleingasse nehmen. Dort werfen wir bei Nr. 2 einen

Rosengarten

Rosengarten in der historischen Hofhaltung (öffentlich zugängig)

Kittsteintor mit Rotem Turm

Blick auf den mittelalterlichen Staffelgiebel des Baunachshofes, der so heißt, seit ihn der Weinhändler Lorenz Baunach 1577 umbauen ließ. Wir biegen nun links in die Münzgasse ein. Dort betrachten wir bei Nr.4 ein Haus, das ebenfalls einen Staffelgiebel aufweist und dessen frühere Bedeutung noch durch eine alte Reklameaufschrift in der Fassade zu lesen ist, denn bis ins 19. Jhd. wurden in der **Münze** die Geldstücke der Grafschaft hergestellt. Das fränkische Fachwerkhaus daneben mit Inschriften sowie Schnitzwerk und Masken wurde 1589 von Schultheiß Peter Heußlein errichtet. An diesem Haus können wir auf Sandstein am vorderen Eckhaus die älteste am originalen Platz erhaltene Hochwassermarke von 1595 sehen. Wir laufen nun vor bis zum Marktplatz und von dort die Mainstraße entlang, bis wir zu unserem Ausgangspunkt, dem Mainplatz, kommen.

Hofgarten

Englischer Landschaftspark unweit der historischen Altstadt

Exkursion zum Schlösschen im Hofgarten

Richtung Wertheim-Eichel steht in einem englischen Landschaftspark das 1777 gebaute **Schlösschen im Hofgarten**. Das Rokoko-Gebäude war die ehemalige Sommerresidenz der

Schlösschen im Hofgarten

Kirchenvorplatz Kloster Bronnbach

Wertheimer Grafen und ist heute ein Museum, das drei private Kunstsammlungen beherbergt. Hier findet man Gemälde der Berliner Sezession (u.a. Liebermann, Slevogt, Corinth), eine Sammlung von klassizistischem Pariser Porzellan und Gemälde der Heidelberger Romantiker sowie regelmäßige Sonderausstellungen aus diesem Themenkreis.

Museum Schlösschen im Hofgarten

Würzburger Straße 30
Geöffnet März bis Oktober, Mi-Sa 14-17, So 12-18 Uhr
Tel. 09342 301 511

Weitere Informationen auf Seite 200

Exkursion zum Kloster Bronnbach

Das ehemalige Zisterzienserkloster Bronnbach wurde im 12. Jahrhundert gegründet. Der Gründungslegende nach soll Bernhard von Clairvaux während einer Pilgerreise diese Stelle im Taubertal für das Kloster bestimmt haben. 1153 wurde das Kloster erstmals urkundlich erwähnt und kurz darauf mit dem Bau der Klosterkirche begonnen. Eine weitere wirtschaftliche Blüte erlebte das Kloster Bronnbach nach dem Dreißigjährigen Krieg, Teile

VGMT-Haltestelle Kloster Bronnbach

49.71286, 9.54686

Mittelbrunnen Abteigarten

Orangerie Kloster Bronnbach

Kloster Bronnbach

Geöffnet
April bis Oktober
Mo-Sa 10-17,30
So+Fei 11.30-17.30 Uhr

November bis März
11-16 Uhr

Tel. 09342 935202020

der Anlage wurden im Barockstil umgestaltet und die prachtvollen barocken Festsäle (Bernhard- und Josephsaal) geschaffen. Nach der Säkularisation ging das Kloster ab 1803 in den Besitz des Fürstenhauses Löwenstein-Wertheim-Rosenberg über und wurde nicht nur als Residenz genutzt, sondern beherbergte auch eine Brauerei.

Die romanische Klosterkirche, eine große dreischiffige Basilika mit steinernem Gewölbe, sowie der romanische Kapitelsaal und gotische Kreuzgang liegen im Zentrum der Klosteranlage. Die Kirche wird durch die barocke Ausstattung, wie das von Daniel Aschauer 1777 bis 1779 kunstvoll geschnitzte Chorgestühl und die barocken Altäre, darunter auch ein Hochaltar von Baltasar Esterbauer, ergänzt. Außerdem beinhaltet sie einen schmiedeeisernen Lettner, der den Mönchschor vom Laienschiff trennt, sowie eine Kanzel mit der Darstellung der 12 Apostel. Die Orangerie mit dem großflächigen Außenfresko wurde um 1775 errichtet. Besonders sehenswert sind die Gärten des Klosters, darunter der Kräutergarten und die barocken Gartenanlagen.

Kreuzwertheim

Gemarkungen: Kreuzwertheim, Röttbach, Unterwittbach, Wiebelbach

Von Barbara Zeizinger

Geokoordinaten Startpunkt

Hauptstraße
49.764542, 9.516301

794 wurde die am Main gelegene Siedlung ‚Werdheim' zum ersten Mal in einer Urkunde des Klosters Fulda erwähnt und man nimmt an, dass sich diese Nennung auf das heutige Kreuzwertheim bezieht. ‚Werd' bedeutet erhöhtes Uferland, auf dem die Menschen sich ein ‚Heim' errichteten. 1009 erhielt Werdheim das Marktrecht. Nachdem im 12. Jahrhundert die Grafen von Wertheim auf der gegenüberliegenden Mainseite ihre Burg errichtet und damit den Beginn des heutigen Wertheim gelegt hatten, wurde der alte Marktort seit 1311 zur Unterscheidung ‚Heiligen-Creuzeswertheim' genannt. 1362 wurde er böhmisches Lehen der Wertheimer Grafen. 1368 erhielt Kreuzwertheim Münzrecht und unter Graf Johannes wurden im 16. Jhd. Stadtmauer und vier Türme errichtet. Zwischen 1523 und 1543 setzte sich in Kreuzwertheim die Reformation durch. Nach der Säkularisation 1806 durch Napoleon kam es zuerst zum Großherzogtum Frankfurt und 1814 schließlich zu Bayern.

Von der Haslocher Straße kommend beginnen wir unseren Rundgang in der Hauptstraße. Dort sehen wir einen **Rundturm der ehemaligen Stadtbefestigung** mit vorkragendem Zinnenkranz und Bruchsteinmauerwerk. Daneben erinnert eine große Sandsteintafel an die Verleihung des Marktrechtes vor tausend Jahren. Wir gehen die Hauptstraße weiter, werfen auf der gegenüberliegenden Seite einen Blick auf das Haus Nr. 4, wo sich über der Haustür in Form einer **Brezel ein Bäckerzeichen** aus dem Jahr 1832 befindet. Bei Nr. 37 kommen wir zum barocken **Schloss**. Der heutige Wohnsitz der Fürstenfamilie zu Löwenstein-Wertheim-Freudenberg stammt aus dem Jahr 1736.

Mainlände

Tourismus-Information

Lengfurter Str. 8

Tel. 09342-92620

Ursprünglich als schlichter Bau mit Mansarddach konzipiert, wurde das Schloss im 19. Jhd. umgebaut und das barocke Aussehen wurde durch den Volutengiebel im Stil der Neorenaissance ergänzt. Die Umrahmungen aus rotem Sandstein der Türen und Fenster gliedern das gelb verputzte Gebäude. Auch der Balkon an der Frontseite ist aus rotem Sandstein, ebenso wie die ihn tragenden mächtigen Säulen. Über den beiden Portalen kann man jeweils das Allianzwappen (1736) der Erbauerin des Schlosses sehen. Der nördliche zweigeschossige Bau mit Walmdach stammt ursprünglich aus dem Jahr 1569. Das Schloss umgibt eine Mauer aus Sandstein mit Balustrade. Am Ende der Schlossmauer überqueren wir die Straße und laufen zwischen zwei Sandsteinmauern die Fährgasse (deren Name allerdings nirgends steht) hinunter zum Main. Dort sehen wir manchmal Enten und Schwäne, aber immer haben wir einen sehr schönen Blick auf die Burg und die Kulisse der gegenüberliegenden Stadt Wertheim. Am Main laufen wir wenige Meter geradeaus und biegen an der Spessart-Brauerei wieder rechts in die Junkergasse ein. Sie ist nach Georg Michael Junker benannt, der 1809

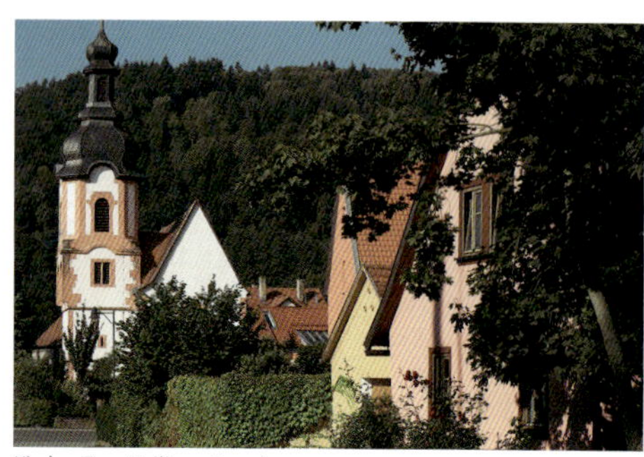

Kirche ‚Zum Heiligen Kreuz'

die bereits 1741 erwähnte Gaststätte ‚Zum Goldenen Löwen' gekauft und dort zum ersten Mal Bier gebraut hat. Wieder auf der Hauptstraße gehen wir nach links und kommen nach ein paar Metern zur evangelischen **Kirche ‚Zum Heiligen Kreuz'.** Als Urpfarrei-Kirche für den Südostteil des Spessarts stammt die Saalkirche mit Rechteckchor aus frühchristlicher Zeit. Die ältesten Teile sind romanisch, der gotische Chor wurde 1443 errichtet. Seit dieser Zeit gibt es im Innern auch das Zimborium mit dem Taufstein von 1683. Ebenfalls aus dem Jahr 1443 stammt der untere Teil des Kirchturmes, der um 1600 erhöht wurde und 1753 sein heutiges Aussehen erhielt. Schießscharten an seiner Fassade belegen, dass es sich bei dem Gotteshaus um eine Wehrkirche handelt. Der Altarsockel stammt ebenfalls aus frühchristlicher Zeit, die Kreuzigungsgruppe wurde hingegen um 1470 und die Kanzel in dem Jahr 1682 errichtet. Auf der linken Außenwand lässt ein Hufeisen an der massiven mit Eisen beschlagenen Tür vermuten, dass die Kirche früher eine Pferdewallfahrtsstätte gewesen sein könnte. Links davon sehen wir einen Opferstock aus dem Jahr 1444 und rechts neben der Tür zwei spätmittelalterliche Sandsteinkreuze mit Ritzzeichnungen. Wir wenden uns nun nach links zur Kirchhofmauer und betreten durch das aus dem 12./13.Jhd stammende romanische Rundbogenportal den Kirchplatz. Hier befinden wir uns im Zentrum des alten Kreuzwertheim, wo unser Blick sofort zu dem **Kreuz** geht, das bis zu den Anfängen der Christianisierung in dieser Gegend zurückreicht und das der Gemeinde ihren Namen gab. Es ist vermutlich ein Marktkreuz, mit einem vier Meter hohen Grundsockel aus Findlingssteinen und darüber steht ein irischen Vorbildern nachempfundenes Hochkreuz mit Sonnenrad. Ein eiserner Stab darüber ist am Ende zu einem Blatt geschmiedet, auf dem die Jahreszahl 1647 steht, das Jahr, in dem es wahrscheinlich

Weinanbau in Kreuzwertheim

Weinwanderung ins Handtal mit dem Geschichts- und Heimatverein Kreuzwertheim e.V.

Informationen in der Weinroute ab Seite 201

Kirchplatz

Gasse Richtung Main

erneuert wurde. Auch das **Haus Nr. 4** aus dem Jahr 1546 hat eine interessante Vergangenheit. Mit Wohnhaus, Scheune und kleinem Stall entspricht die Hofreite dem Typ eines fränkischen Dreiseitenhofes. Das Gebäude ist in der sogenannten Stockwerkbauweise errichtet, die erst im 16. Jahrhundert aufkam. Es ist anzunehmen, dass es ursprünglich als Pfarr- oder Frühmesserhaus zur Kirche gehörte, denn ein Kupferstich von 1648 zeigt die Hofreite innerhalb der Kirchenmauer. In dem rückwärtigen Teil des Anwesens zur Hauptstraße hin befanden sich vorübergehend die Gefängniszellen der Fürstlich Löwensteinischen Regierungs- und Justizkanzlei. Dieser Teil der Scheune wurde in den 60iger Jahren zwar abgerissen, ist aber auf der Partie am Kirchplatz des Worpsweder Malers Otto Modersohn (1865 – 1943) festgehalten, als dieser um 1920 Kreuzwertheim besuchte.

Als Frühmesser bezeichnete man einen katholischen Priester, der von Stiftungsträgern finanziert wurde und verpflichtet war, vor Arbeitsbeginn der Bevölkerung regelmäßig Frühmessen abzuhalten.

Wir betrachten nun das gegenüberliegende große **Gebäude bei Nr.8**. Das frühere Gasthaus „Zur Sonne" wurde im Kern um 1600 gebaut. Der zweigeschossige Walmdachbau ruht auf einem steinernen Unterbau, der obere Teil enthält Zierfachwerk. Zwischen zwei Eingangstüren befindet sich ein großes hölzernes Tor mit einem Sandsteinrundbogen. Wir verlassen den Kirchplatz und biegen links in die Nebengäulsgasse ein. Dort sehen wir bei **Nr. 2 ein Haus aus dem 16./17. Jahrhundert** mit einem zweigeschossigen Giebelvorbau. Sein Untergeschoss ist rosa verputzt, während es oben Fachwerk enthält. Am Ende der Gasse finden wir links am letzten Haus Nr.9 neben der Mauer rechts von der Toreinfahrt einen **Monolithen mit einer Inschrift**, die mit der damals wütenden Pest in Zusammenhang gebracht wird. Er trägt die Jahreszahl 1631 und die Initialen „I.S.", die auf den Kreuzwertheimer Pastor Hieronymus Siegfried deuten, der durch die Seuche Frau und Kind verloren hatte. Die lateinische Inschrift ermahnt den Leser daran zu denken, nur der sei ein Christ, der wisse, dass er in seinem Haus ein Fremdling sei. Die Nebengäulsgasse bringt uns noch einmal zu dem Spazierweg am Main, den wir nun nach rechts ungefähr 200 Meter entlanglaufen. Wenn wir zu dem Platz vor einer Sandsteinmauer kommen, wo im Sommer Bänke stehen, nehmen wir wieder rechts die Stufen, die uns in die Maingasse und somit zurück in die Altstadt bringen. Dort biegen wir nach ein paar Metern rechts in die Rathausgasse ein. Im Eckhaus Nr. 1 aus dem 17./18. Jhd. befand sich früher nicht nur die Schule, sondern bis 1968 auch die Ortsverwaltung. Bei Nr. 3 steht ein großer zweigeschossiger Sat-

Peter Herrschaft (1529 – 1567) war 37 Jahre lang Bürgermeister und Dorfrichter. Bei seinem Amtsantritt legte er das „Gemaindt Dorffbuch des Dorffs zu dem Hayligen Creutz“ an. Er baute für sich und seine sieben Kinder nicht nur das Haus in der Rathausgasse, sondern er ließ auch den Kirchturm erhöhen und legte einen Ziehbrunnen an.

teldachbau aus dem 18./19. Jhd. mit geohrten, d. h. vorspringenden Sandsteinrahmungen an den Fenstern. Bis 1853 residierte hier das Herrschaftsgericht und praktischerweise befand sich direkt daneben ein Gefängnis. Wir wenden uns nun dem großen Anwesen Nr. 5 zu, einem viergeschossigen Bau mit Putzfassade, Sandsteinrahmungen und Treppengiebeln im Stil der Renaissance. Betritt man den Hof, kann man über dem Eingangsportal einen in Stein gemeißelten Spruch lesen: „Ach Gott erbarm dich der armen Rhot/ so weder Brodt noch Gelt ihm Hausz hatt.“ Das imposante **Gebäude wurde 1594** von dem Schultheiß Peter Herrschaft errichtet.
Wir laufen nun die Rathausgasse weiter und sehen bei Nr. 14 eine Gartenmauer mit einem Türsturz, auf dem sich ein in der Mitte geöffneter ‚gesprengter‘ Giebel mit einem Pinienzapfen als Aufsatz aus dem 18./19. Jhd. befindet. Wir verlassen die Rathausgasse, laufen über den Kirchplatz, überqueren die Hauptstraße und gehen geradeaus in die Pfarrgasse. Dort steht der zweite Turm der alten Stadtbefestigung. Gleich daneben sehen wir die vierhundert Jahre alte Fachwerkscheune, in der das ‚**Museum Prassek-Scheune**‘ untergebracht ist. Es hat sich zur Aufgabe gemacht, Leben und Kultur aus dem Bereich der alten Wertheimer Grafschaft zu erhalten. **(1)** Wir laufen nun ein Stückchen zurück, um rechts in die Nebenpfarrgasse einzubiegen. Dort nehmen wir bei Nr. 8 den kleinen versteckten Pfad, der uns an der Hauptstraße bei Nr. 33 zur letzten Sehenswürdigkeit unseres Rundganges bringt. Es ist der **Ziehbrunnen/Galgenbrunnen** aus der Frührenaissance (1568), der ebenfalls von dem

Museum Prassek-Scheune

Pfarrgasse 9
Tel. 09342 913501

Besichtigungen
nach Absprache

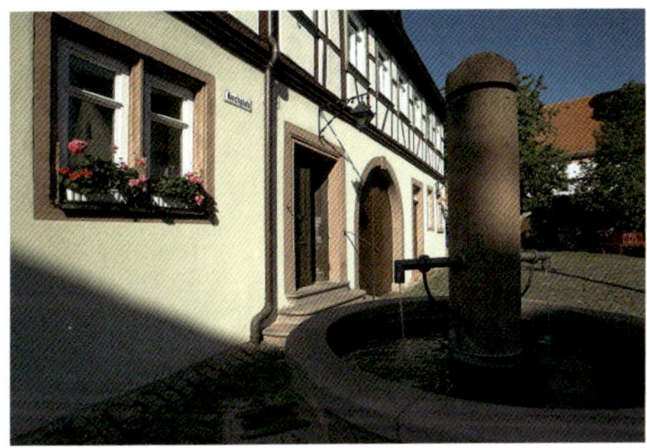

Ziehbrunnen/Galgenbrunnen

rührigen Schultheiß Peter Herzog gebaut wurde. Damit sind wir am Ende unserer Besichtigung angelangt.

Exkursion zum Friedhof in der Lengfurter Straße

In der vorletzten Reihe entdecken wir die Gräber der Fürsten Löwenstein-Wertheim-Freudenberg aus dem 19./20. Jhd. mit figürlichen Grabsteinen aus Stein und Schmiedeeisen. An der rechten Friedhofsmauer befindet sich die Ruhestätte von Ludwig Storch. Sie ist aus Sandstein mit einem Marmormedaillon, welches das Portrait des Dichters zeigt. Ludwig Storch (1803 bis 1881) schrieb sowohl Prosa als auch Lyrik im zeitgenössischen Stil. Eines seiner Gedichte trägt den Titel „Der Park im Mondschein". Die erste Strophe lautet:

Auf des Wassers dunkeln Spiegel
Auf des Teiches nächt'ge Ruh
Drückt der Mond sein helles Siegel
Und webt das Geheimnis zu.

Burg und Burgpark Gamburg

Kultur- und Freizeit-Tipps

Westfrankenbahn

Auf den schönsten Strecken an Main und Tauber, vom Odenwald bis Hohenlohe ist die Westfrankenbahn Ihre Bahn in der Region. Alle Züge sind radlerfreundlich ausgestattet. Der Fahrradtransport ist werktags ab 9 Uhr, am Wochenende sogar rund um die Uhr kostenlos.

Ein lohnendes Ausflugsziel ist das Westfrankenbahn-Schlafwagen-Hotel im Erlebnisbahnhof Amorbach. Hier sind Familien, Radfahrer und Wanderer immer herzlich willkommen.

www.westfrankenbahn.de
und jetzt auch auf Facebook:
www.facebook.com/westfrankenbahn

VerkehrsGesellschaft
Main-Tauber mbH (VGMT)
Telefon: 09343/6214-0
www.vgmt.de

VerkehrsGesellschaft Main-Tauber mbH

Die VerkehrsGesellschaft Main-Tauber mbH (VGMT) mit Sitz in Lauda-Königshofen organisiert als Dienstleister für Verkehrsunternehmen, Kunden und politische Gebietskörperschaften den Buslinienverkehr im VGMT-Verkehrsgebiet. Mit dem Zusammenschluss der drei Verkehrsgemeinschaften Main-Tauber Nord, Mitte und Süd wurde die VGMT mit der Organisation des Buslinienverkehrs im gesamten Landkreis beauftragt. Primäres Ziel war, den Kunden im Main-Tauber-Kreis ein einheitliches und preisgünstiges Ticketsortiment anzubieten. Seit der Integration in den Verkehrsverbund Rhein-Neckar (VRN), am 01. April 2003, profitieren die Kunden von den günstigen Einzel-, Tages- und Zeitkarten des VRN sowie einem erheblich gewachsenen Tarifgebiet. **Einen ganzen Tag lang mit Bus und Bahn unterwegs zum Festpreis.** Das macht die Tages-Karten im Vergleich zu den Einzelfahrscheinen besonders attraktiv. Und weil gemeinsam Reisen mehr Spaß macht, können gleich bis zu vier Personen mitgenommen werden und profitieren gleichermaßen von den günstigen Preisen. Die Tages-Karte erhalten Sie in allen Linienbussen, an den Bahnschaltern/-automaten sowie in der VGMT-Geschäftsstelle in Lauda.

Burg und Burgpark Gamburg

Die Gamburg wurde im 12. Jh. erbaut und befindet sich im Besitz der Familie von Mallinckrodt. Die in Europa einzigartigen romanischen Wandmalereien im Saalbau beschreiben Szenen des Kreuzzugs Barbarossas. Der außergewöhnliche Barockpark lockt mit botanischen Raritäten, der Burghof mit mediterranen Pflanzen und einer schönen Kapelle. Unser Tipp: Die Sagen- und Geisterführungen zu den über 21 Burggeistern. Weitere Informationen ab Seite 158.

Schlösschen im Hofgarten

Das **Grafschaftsmuseum** residiert in Wertheim in einem Gebäudekomplex aus fünf historischen Häusern. Präsentiert werden kulturhistorische Sammlungen, die sich auf die Stadt und die ehemalige Grafschaft Wertheim konzentrieren. Das **Schlösschen im Hofgarten** ist die ehemalige Sommerresidenz der Wertheimer Grafen. Hier werden Gemälde und Aquarelle der Berliner Sezession gezeigt und Gemälde des 19. Jahrhunderts. Weitere Informationen auf Seite 179.

Faszination Gotthardbahn

In Steinsfeld bei Rothenburg o.T. beeindruckt eine der größten vorbildgetreuen Modelleisenbahn Europas. Es ist die Umsetzung der in der Schweiz gelegenen Gotthardbahn Nordrampe von 1960 bis 1980. Kernstück der 800m² großen Ausstellungsfläche ist die aus mehreren hundert Exemplaren bestehende Fahrzeugsammlung, die überwiegend deutsche und europäische Modelleisenbahn Exponate umfasst.

Faszination Gotthardbahn
Steinsfeld, OT Reichelshofen, Reichelshofen 28, D 91628 Steinsfeld
Telefon: 09865 941898, Mail: info@gotthard-modellbahn.de
www.gotthard-modellbahn.de

Taubertäler Weinroute

Geokoordinaten Startpunkt Taubertäler Weinroute

‚Rothenburger Eich',
Weinberg, Rothenburg
49.374420, 10.180409

Drei Dinge sind's,
die braucht der Wein:
Die Erde, die Rebe,
den Sonnenschein.
Doch, wenn die Arbeit
des Winzers nicht wär,
dann bliebe so manches
Gläschen leer.
Aus der Getränkekarte vom Landhaus zum Falken, Tauberzell

Taubertäler Weinroute

Es war wohl die fränkisch-merowingische Besatzungsmacht, die ab dem 7. Jahrhundert vom Maindreieck herkommend die Rebkultur an die Tauber brachte. Zunächst wurde der Weinbau von königlicher, adliger und geistlicher Grundherrschaft verbreitet und danach vorrangig von Klöstern betrieben. Die erste urkundliche Eintragung zur Tauberländer Weingeschichte findet sich im Kloster Fulda. Es geht um Rebbesitz in „lara et steinbah", der 835 dem Kloster geschenkt wurde. Gemeint sind der Lohrhof und Niedersteinach bei Frauental. Um 1090 wurden Igersheim und 1096 Markelsheim urkundlich erwähnt und danach häufen sich die Weinorte. Im frühmittelalterlichen Rebbau überwogen noch Weingärten in der Ebene und an flachgeneigten Hängen. Um die Jahrtausendwende begann der Terrassenbau. Die Terrassierung erleichterte die Arbeit, beugte der Bodenerosion vor und schuf dank der Wärmerückstrahlung ein ideales Klima im Weinberg.
Früher war das Taubertal mit 11000 ha das größte zusammenhängende Weinanbaugebiet. Durch Kriege, die Reblaus und Frost ist das Anbaugebiet mittlerweile auf 700 ha zusammengerückt. Etwa 65 Prozent der Anbaufläche sind mit Weißweinsorten und 35 Pro-

Als Kurt Tucholsky bei einer seiner Weinreisen an der Tauber hinabfuhr und die vielfältigen Weine dieser Landschaft verkostete, notierte er bewundernd: „Diese Landweine aus dem Taubertal schmecken nach Land und Erde und Gehölz, sie sind tief und rein wie ein Glockenton!"

Weinanbau in Tauberbischofsheim

zent mit Rotweinsorten bestockt. Dominierend sind die trockenen und halbtrockenen Weine, gekonnt von privaten Weingütern und den drei im Taubertal ansässigen Genossenschaften ausgebaut.

An der Tauber treffen sich drei Weinbaugebiete, zwei Weinbauzonen und zwei Bundesländer. Im südlichen Taubertal zählt die Rebfläche zu Bayern und zum Anbaugebiet Franken, Bereich Maindreieck. Zwischen Weikersheim, Niederstetten und Bad Mergentheim liegt das Weinanbaugebiet Württemberg. Hier werden die Weinbauern nicht Winzer wie in Franken oder Baden genannt, sondern Weingärtner oder Wengerter.

Das mittlere Taubertal von Lauda-Königshofen, Ortsteil Unterbalbach bis zur Mündung der Tauber in den Main bei Wertheim gehört zum Weinbaugebiet Baden, Bereich Tauberfranken. Auf der gegenüberliegenden Mainseite mit dem Weinort Kreuzwertheim befindet

„Vinum bonum deorum donum.“

„Ein guter Wein ist ein Geschenk der Götter.“

Römisches Sprichwort

Wein-Tipp Rothenburg

'Rothenburger Weindorf' vier Tage Mitte August

Weinlehrpfad 'Stein und Wein' und Weinproben im Holzfasskeller des Weinguts Glocke

Weinseminar jeden Donnerstag um 19.00 Uhr im Rothenburger Johanniterhof

„Wein ist der Beweis, dass Gott uns liebt und will, dass wir glücklich sind."

Benjamin Franklin, 1706 – 1790

man sich wieder in Bayern und somit im Anbaugebiet Franken.

In den Anbaugebieten Frankens sowie im Bereich Tauberfranken gilt die Besonderheit, dass Qualitäts- und Prädikatsweine in den weltbekannten Bocksbeutel abgefüllt werden dürfen.

Wir beginnen die Taubertäler Weinroute in **Rothenburg**. Bereits im Jahr 912 wurde der Weinbau urkundlich erwähnt und 1405 gab es hier die erste Weingarten-Anlage. Der letzte Weinberg wurde 1922 aufgegeben, aber 1999 machte sich die alteingesessene Winzerfamilie Thürauf mit ihrem **Weingut 'Glocke'** daran, den verwilderten Weinberg zu rekultivieren, der heute unter dem Namen **'Rothenburger Eich'** eingetragen ist. Dieser unterhalb des Burggartens gelegene Weinberg und auch von dort betreten werden kann, bietet einen geologischen Lehrpfad, sowie einen **Rebsorten-Lehrpfad**. Auf diesem Lehrpfad sind ca. 160 verschiedene Traubensorten anzutreffen, deren Ertrag als Mischsatz unter dem Namen 'Rotling' veräußert wird. Die sehr authentischen und an Steillagen angebauten Weine des Weinguts Glocke werden handgelesen und im Holzfass ausgebaut.

In Geschichtsquellen ist zu lesen, dass in **Tauberzell** bereits im Jahr 1288 Wein angebaut wurde. Im Salbuch von 1524 werden 301 Morgen Weinberge aufgeführt. Nachdem in der ersten Hälfte des 20. Jahrhunderts der Weinbau nahezu zum Erliegen gekommen war, wurden im Jahr 1983 die Weinberge neu angelegt und bekamen den Lagenamen **'Tauberzeller Hasennestle'**. Heute wachsen hier auf 13 ha Fläche Müller-Thurgau, Bacchus, Silvaner, Weißburgunder und Schwarzriesling. 1986 wurde hier die erste Weinprinzessin gekürt und seit 1987 wird alljährlich das Tauberzeller Weinfest gefeiert. Oberhalb der Weinberge entlang führt ein **Weinlehrpfad** mit zahlreichen Informationen.

Wein-Tipp Tauberzell

Weinfest jährlich Mittwoch vor Fronleichnam bis zum darauffolgenden Sonntag

Bremserfest jedes Jahr Ende September

Weinwanderungen mit Weinlehrpfad: Heimat- und Weinbauverein Tauberzell Tel. 09865/94991

Heckenwirtschaft Tauberzell

Wein-Tipp Röttingen

Weinfest jedes Jahr an Pfingsten (Freitag bis Montag)

Weinwanderungen zwischen den Weinbergslagen Röttinger Feuerstein und Königin

Eine gute Rebkultur wurde in **Röttingen** bereits im frühen Mittelalter gepflegt. Heute bauen die Winzer vorwiegend an der muschelkalkigen Hanglage **‚Röttinger Feuerstein'** eine Besonderheit, den leicht und fruchtig schmeckenden Tauberschwarz an. Weitere Frankenweine, die dort gehen, sind z.B. Müller-Thurgau, Silvaner, Bacchus, Schwarzriesling und Domina. Nicht weit von Burg Brattenstein gelangt man zum **Museumsweinberg**. Hier wird wie vor 100 Jahren Wein angebaut – ausschließlich mit natürlichem Dünger. Aus den Trauben wird ein spezieller Cuvée gekeltert, ein Mischwein aus den Rebsorten Tauberschwarz, Riesling, Silvaner und Traminer. Eine Kostprobe hiervon erhält man im **Weinmuseum**, welches sich auf Burg Brattenstein befindet. Der Weinanbau in Röttingen von 1103 bis heute ist dort dokumentiert. Der Besucher erfährt viel über Rebsorten, Anbaumethoden, Häckerarbeiten, Lese, Kelter, Reifung, Abfüllung und Freude am Weintrinken.

Museumsweinberg Röttingen

Weinanbau Tauberrettersheim

In **Tauberrettersheim** beeindruckt die flachbogig langgestreckte **Tauberbrücke**. Im Spätsommer werden der dort aufgestellten St. Nepomuk-Statue die ersten reifen Trauben um den Hals gehängt. Bereits 1225 gab es hier den ersten Weingarten, im Jahr 1610 sind 46 Häckerfamilien vermerkt und selbst die Winterseiten der Hänge sind mit Reben bepflanzt. Heute werden um Tauberrettersheim 44 Weinberge bewirtschaftet. Hier gedeihen die Weißweinsorten Müller-Thurgau, Silvaner, Bacchus, Kerner und Traminer. Bei den Rotweinsorten sind es Spätburgunder, Acolon, Domina, Tauberschwarz und Regent. Die Weine sind duftig, kernig, lebhaft und nachhaltig. Der Name ‚Häcker' kommt vom Hacken, dem Lockern des Bodens, so heißt es in einer Tauberrrettersheimer-Gemeindeniederschrift, und die Eigenschaften des hiesigen Weinbauers sind: fester, ehrlicher Charakter, biederer Sinn, treue Anhänglichkeit an alte Sitte und erprobte Erfahrung.

Wein-Tipp
Tauberrettersheim

Fünftägiges Weinfest im Mai mit Weinen aus der Lage „Königin"

„Weintrinker sehen gut aus, sind intelligent, sexy und gesund."

Hugh Johnson, britischer Weinbuchautor

Wein-Tipp Weikersheim

Weikersheimer Kärwe mit historischem Festzug um den ersten Sonntag im September

Laudenbacher Herbst- und Weinfest jährlich eine Woche nach dem kirchlichen Hochfest „Maria Geburt“

Der Weinanbau in **Weikersheim** hat jahrhundertelange Tradition. Bereits im Jahr 1219 sind 30 Jauchert Reben erwähnt. 1832 galt der Ort mit 215 Hektar Reben als die größte Weinbaugemeinde im Oberamt Mergentheim. Noch heute prägen Steinriegel das Landschaftsbild. Die Steine wurden aus den Weinbergen herausgelesen und an den Rändern aufgeschüttet. So dienen sie als Wärmespeicher und bieten zugleich einen idealen Lebensraum für Tiere und Pflanzen. Auf den Muschelkalkböden gedeihen hervorragende Weine. Führend ist bei den Weißweinen der Müller-Thurgau. Doch auch der Silvaner hat sich behauptet, ergänzt von Kerner, Bacchus und Riesling. Zusätzlich werden auch internationale Rebsorten wie der Sauvignon Blanc angebaut. In den sonnigen Lagen wachsen auch vielfältige Rotweinreben: der fruchtbetonte Schwarzriesling, der kräftige Zweigelt und auch der moderne Acolon. Eine beachtliche Renaissance erlebt die historische Lokalsorte Tauberschwarz. Entstanden aus einem namenlosen Rotwein um 1559/1560 angepflanzt, wurde diese sehr frostharte Rebsorte im Jahr 1726

Wanderer über Bad Mergentheim

von Graf Carl-Ludwig von Hohenlohe, einem großen Förderer des Weinanbaus, ‚Tauberschwarz' genannt.
Mit einem Blick ins Taubertal, umgeben von Streuobstwiesen, Feldern und Wäldern, liegt mitten in dem kleinen Ort Bronn die **Kelterei Conrad**. Im Herbst werden dort die reifen Früchte aus dem Streuobst der Region frisch gepresst, ‚Bag in Box' abgefüllt oder zu Schaumweinen ausgebaut. Dies leistet einen wichtigen Beitrag zum Erhalt der Streuobstwiesen, dieser einmaligen Kulturlandschaft in Baden-Württemberg.

„Trinkst Du am Abend
nach den Mühen

Ein Gläschen frischen
Tauberwein,

ein Hasennestle
frisch und mundig,

Du wirst im
Paradiese sein!"

Aus der Getränkekarte vom Landhaus zum Falken, Tauberzell

Bad Mergentheim beherbergt auf seiner Gemarkung als kleine Besonderheit gleich zwei Anbaugebiete: ein württembergisches und ein badisches.
Im württembergischen Weinort **Markelsheim** wird auf ca. 100 ha Wein angebaut. Eine erste urkundliche Erwähnung des Weinbaus geht auf eine Datierung im Jahr 1096 zurück.

Weinort Markelsheim

Wein-Tipp
Bad Mergentheim

Weinfest in Markelsheim eine Woche nach Pfingsten, jeweils freitags bis montags

„Markelsheimer Träuberlesmarkt" jedes Jahr am 3. Oktober

Jeden dritten Dienstag (Mai – Oktober): Weinwanderungen von Bad Mergentheim nach Markelsheim

Seine besondere Note erfährt der Markelsheimer Wein durch den Muschelkalkboden, an dem die Reben in sonnigen Steillagen am **‚Probstberg'** und am **‚Mönchsberg'** gedeihen. Sie verleihen den Weinen die einzigartige Frische und Eleganz. Als größter „Exportschlager" präsentiert sich hier die Hauptrebsorte Schwarzriesling mit ihrem leuchtenden Rot und einer harmonisch zarten Fülle. Aber die Besonderheit ist der Tauberschwarz, der ausschließlich im Taubertal zu finden ist. Auf einer Gesamtfläche von 13 ha angebaut, fallen alleine 7 ha auf die Anbaufläche in Markelsheim. Bei den Weißweinen wird seit 350 Jahren die Traditionssorte Silvaner angebaut. Aber auch im einzigen badischen Stadtteil spielt Wein seit dem Mittelalter eine wichtige Rolle. Die Weinbaugemeinde **Dainbach** gehört zugleich zum Anbaugebiet Baden und zum Bereich Tauberfranken und besitzt somit das „Bocksbeutelprivileg". Zurzeit umfasst die gesamte Rebanlage **‚Dainbacher Alte Burg‘** 3,3 ha und ist bepflanzt mit den Rebsorten Müller-Thurgau, Grauer Burgunder, Schwarzriesling, Tauberschwarz und Gutedel. Diese Weine korrespondieren besonders zu der zweiten badischen Spezialität, dem Grünkern, hervorragend.

Begrüßung zum Schüpfer Grund

Wein-Tipp Boxberg

Jährlich viertägiges Weinfest am letzten August-Wochenende rund um das Unterschüpfer Wasserschloss

„Die Kultur des Weines ist diejenige, wo die Menschen sich kennenlernen wollen, statt sich zu bekämpfen.“

Inschrift im Haus des Weines, Bordeaux

Grünkern-Produkte und Bocksbeutel-Wein zählen zu den **Boxberger** Spezialitäten. In den Stadtteilen Unterschüpf und Oberschüpf werden heute auf rund 40 Hektar moderner Weinbau betrieben. Die Rebflächen gehören zum Anbaugebiet Baden, Bereich „Badisches Frankenland“, der sich von Königshofen tauberabwärts bis Wertheim erstreckt. Die Schüpfergrund-Gemeinden haben das historisch begründete Recht, ihre Qualitätsweine in die besondere Bocksbeutel-Flasche zu füllen.
Der Weinanbau ist im **Umpfertal** und **Schüpfer Grund** schon seit über einem Jahrtausend beurkundet. Im 9. Jahrhundert erwähnt das Kloster Bronnbach erstmals den Schüpfer Weinanbau. Die Qualität war ausgezeichnet – die Schenken von Schüpf sind im 12./13. Jahrhundert als königliche Mundschenken ständige Begleiter der Staufer-Herrscher.
Die größte Anbaublüte war vor dem 30-jährigen Krieg. Im 19./20. Jahrhundert sorgten nach Säkularisierung und schweren Unwettern häufige Fröste, Blattkrankheiten und Reblaus-Befall für den Niedergang. Neue Anbaumethoden und die Rebflurbereinigung von 1971/72 haben inzwischen wieder wirtschaftlichen Weinanbau im Schüpfer Grund ermöglicht.

Wein-Tipp
Lauda-Königshofen

Dreitägiges Weinfest in Lauda am 2. Juni-Wochenende

In **Lauda-Königshofen** existiert der Weinanbau ebenfalls schon seit Jahrhunderten und ist untrennbar mit der Stadt verbunden. Zu über zwei Drittel wird hier Weißwein angebaut mit überwiegendem Anteil der Rebsorte Müller-Thurgau. Unter anderem haben auch die modernen Sorten wie Grauburgunder und Chardonnay ihren Stellenwert im Weinberg. Bei den Rotweinen zählen die Sorten Schwarzriesling und Spätburgunder zu den an meisten angebautesten. Die Weingüter, sowie die Winzergenossenschaft bieten aber auch hier den berühmten ‚Tauberschwarz' an, der als Spezialität gehandelt wird.

Obwohl ein Teil der Weinbaufläche in Baden liegt, darf auch der hier gelesene Wein im Bocksbeutel abgefüllt werden, was seinen Ursprung an der historischen Zugehörigkeit zu Franken hat. Insgesamt neun Sorten findet man in Lauda-Königshofen. Die bekanntesten Weinlagen sind der **‚Gerlachsheimer Herrenberg'** und der **‚Becksteiner Kirchberg'** mit ihren jeweiligen **Weinlehrpfaden**.

Der Ortsteil **Beckstein** gilt als einer der schönsten Weinorte im Taubertal. Nicht umsonst

Weinberg Beckstein Lauda-Königshofen

befindet sich hier die drittälteste Genossenschaft des Badischen Weinbauverbandes (seit 1894), die **Becksteiner Winzer** eG, ein Zusammenschluss von über 350 Mitgliedern aus 21 Gemeinden mit einem Anbaugebiet von rund 270 ha rund um Beckstein und mit ihren Lagen im Taubertal. Seit 1975 bewirtschaften die Becksteiner Winzer auch den Tauberbischofsheimer **‚Edelberg'**. Auf einer Nutzfläche von 11 ha werden hier zehn verschiedene Weinsorten angebaut.

„Der Wein kann mit Recht als das gesündeste und hygienischste Getränk bezeichnet werden."

Louis Pasteur, 1822 – 1895

Die Renaissance des Weinbaus in **Tauberbischofsheim** datiert aus den Jahren 1933/34. Der Edelberg wurde als städtisches Weingut rekultiviert, die erste Weinlese gab es 1936. Seit 1975 bewirtschaften die Becksteiner Winzer den Edelberg. Sieben verschiedene Weinsorten werden angebaut (Silvaner, Weißer Burgunder, Riesling, Grauer Burgunder,

Weinlehrpfad Edelberg Tauberbischofsheim

Wein-Tipp Tauberbischofsheim

Alljährliches Altstadtfest am ersten Juliwochenende

Gewürztraminer, Schwarzriesling und Müller-Thurgau). Die edlen Tropfen werden unter anderem in Bocksbeutel abgefüllt – seit 1728 Herkunftsgarant für den echten Frankenwein. Der **Weinlehrpfad Edelberg** vermittelt einen intensiven Einblick in die Vielfalt der Rebsorten, die Artenvielfalt von Flora und Fauna, die Pflege der Rebstöcke bis hin zur Lese – eben den Lebensraum Weinberg im Wandel der Jahreszeiten.
Auch die Stadtteile Impfingen, Dittigheim, Distelhausen und besonders auch Dittwar sind vom Weinbau geprägt. Einen besonderen Ruf genießen z. B. der **‚Dittwarer Ölkuchen'** sowie der **‚Dittigheimer Steinschmätzer'**.

Seit über 900 Jahren prägt der Weinbau die Dorfgemeinschaft in **Königheim**. Durch die Römer lernten die Franken den Weinbau kennen, bereits 1099 waren bei Besitzerwerbungen des Klosters Amorbach Weinberge verzeichnet, die erste urkundliche Erwähnung von Weinbergen fand 1149 ebenfalls im Zusammenhang mit dem Kloster statt. Heute ist Königheim mit knapp 100 ha Rebfläche die zweitgrößte Winzergemeinde Tauberfrankens.

Die Grundlage des Bodens ist auch hier der Muschelkalk, welcher die Wärme sehr gut speichert und an die Rebstöcke abgibt. Da die Kapazität des Muschelkalks Wasser zu speichern sehr gering ist, müssen die Wurzeln der Reben tief ins Gestein eindringen und können somit die im Boden enthaltenen Mineralien und Nährstoffe aufnehmen. Dies verleiht den Weinen eine hohe Mineralität und ein einzigartiges Bukett. Hauptweinlage ist der **‚Königheimer Kirchberg'**, welcher vom Weingut Schmidt, **Weingut Geier** und **Ökoweingut Christian Geier** bearbeitet wird.

Ob fränkische Klassiker, wie der Silvaner, badische Urgesteine, wie Weißer Burgunder, Grauer Burgunder oder ganz besondere Raritäten in Deutschland, wie Muskat-Ottonel, Gewürztraminer und Scheurebe, die Sortenvielfalt ist typisch für die Weinlandschaft des Brehmbachtales. Und natürlich fehlen auch Schwarzriesling, Portugieser, Tauberschwarz und Dornfelder an Rotweinen und der Müller-Thurgau an Weißwein nicht.

In der Hardheimer Straße findet man am Ortsausgang Richtung Gissigheim rechter Hand das Weingut Geier, welches auch die Lagen Dittwarer Ölkuchen und Dittigheimer Steinschmetzer der Stadt Tauberbischofsheim bearbeitet. Im familiengeführten Weingut gibt bereits die 3. Generation ihr Wissen und ihre Liebe zum Wein

Wein-Tipp Königheim

Weinblütenfest jährlich am letzten Juni-Wochenende

„Wasser macht weise,
lustig der Wein,
Drum trinken wir beides,
um beides zu sein.“

Aus der Getränkekarte vom Landhaus zum Falken, Tauberzell

„Im Wein liegt Wahrheit – und mit der stößt man überall an."
Friedrich Hegel, 1770 – 1831

weiter. Neben dem Weingut mit Weinproben und Weinwanderungen betreibt Familie Geier eine Fruchtsaftkelterei, in der aus Äpfeln von Streuobstwiesen Apfelsaft gekeltert wird.
Weine aus ökologischem Weinanbau bietet das Ökoweingut Christian Geier. Erzeugt werden die vielfach prämierten Weine, zu denen auch Regent, Johanniter oder Riesling gehören, unter vollkommenem Verzicht auf chemische Spritzmittel oder Mineraldünger. Regelmäßig im Frühjahr und Herbst öffnet die gemütlich-rustikale Wein-Wirtschaft und verwöhnt die Gäste mit Tauberfränkischen Spezialitäten.

Die Stadt **Külsheim** und der Ortsteil Uissigheim sind zwei vom Weinbau geprägte Gemeinden. Weinbauernhäuser und Flurnamen wie Weinbergsflur, Weingarten und Häckersgraben deuten auf eine lange Weinbautradition hin. 1528 heißt es in der Külsheimer Stadtordnung, dass „ein jeder Bürger von einem Eimer Wein, zwei Maß zu geben schuldig und pflichtig ist“. Ca. 36 ha umfasst heute die Külsheimer Weinberglage **‚Hoher Herrgott‘**, die seit 1951 wieder angebaut wird. Die Külsheimer Winzer sind alle Mitglieder in der Tauberfränkischen Bocksbeutelkellerei Wertheim-Reicholzheim. Der Name wird in Zusammenhang gebracht mit dem im Weinberg stehenden Caravacakreuz – ein Kreuz mit doppeltem Querbalken. Diese, nach einer spanischen Stadt, wo ein echter Kreuzpartikel in Form eines Jerusalemer Kreuzes verehrt wird, benannten Kreuze sollen vor Blitz, Hagel und Unwetter bewahren. Die Küls-

Wein-Tipp Külsheim

Külsheimer Weindorf: Weinfest mit historischem Ambiente am 3. Wochenende im Juni

Weinfest am ‚Hohen Herrgott‘ mit Krönung der Weinkönigin am letzten Wochenende im Juli

Weinwanderungen auf dem ‚Hohen Herrgott‘

Külsheimer Weinwandertag am 3. Wochenende im September

Weinberg bei Külsheim

Üssigheimer Fass bei Külsheim

heimer Lagen **‚Hoher Herrgott'** und **‚Uissigheimer Stahlberg'** werden in den für Franken einzigartigen Boxbeuteln abgefüllt.

Die Weinroute durch das Taubertal endet in **Wertheim**, genauer gesagt gegenüber der Taubermündung in den Main in **Kreuzwertheim**. Der Wertheimer **‚Remberg'** war nach der ‚Würzburger Leite' und dem ‚Würzburger Stein' bis in das 19. Jahrhundert das drittgrößte Weinanbaugebiet Deutschlands. Damals war hier in der ehemaligen Grafschaft der Wein der Wirtschaftsfaktor No.1. Der Main war die Handelsstraße und die Schiffe die mit den Weinfässern beladen wurden machten den Wertheimer Wein weit über die Grenzen der Grafschaft bekannt. Während seiner Hochkultur im 17. und 18. Jahrhundert zählte, neben Friedrich dem Großen, Johann Wolfgang von Goethe zu den berühmtesten Verehrern.

Caravacakreuz, Külsheim

WEINGUT
SEIT 1594
ALTE GRAFSCHAFT
Rathausgasse 5 - 97892 Kreuzwertheim am Main
Telefon: 09342-5500 - www.altegrafschaft.de

Dessen Ausspruch „Bringt mir noch einen Eymer vom Wertheymer“ (damals immerhin 89 Liter) sorgt heute noch für ein Schmunzeln, wenn man sich die Mengen vor Augen führt, die früher konsumiert wurden. Das älteste Weingut der gesamten Region ist das historische Anwesen, das vom Schultheißen Peter Herrschaft im Jahre 1594 in der Rathausgasse im Altort Kreuzwertheim erbaut wurde. Heute der Sitz des Weingutes **Alte Grafschaft**. Weitläufige Kelleranlagen und denkmalgeschützte Räumlichkeiten für Weinpräsentationen machen es zu einem Kleinod. Die Besitzer Christoph Dinkel und Norbert Spielmann hatten es sich zur Aufgabe gemacht, die beiden besten Steillagen der Region wieder in einem Weingut zu vereinen. Der **‚Satzenberg‘** beim Kloster Bronnbach, im Taubertal, verfügt über spektakuläre 16 Kilometer Buntsandstein-Trockenmauern und wurde im 8. Jahrhundert angelegt. Er ist der letzte bewirtschaftete Terrassenweinberg des Taubertals. Der **‚Kaffelstein‘**, direkt gegenüber der Wertheimer Burg war nicht nur jahrhundertelang der Vorzeigeweinberg der Wertheimer Grafen und Bürger,

Wein-Tipp Wertheim

‚Schöpple‘ im Juli in der historischen Altstadt am Neuplatz im ‚Malerwinkel‘

Weinfest in Wertheim-Kembach im August

Dertinger Weinfest am Mandelberg alljährlich um den ersten Mai

Weinproben auf der Wertheimer Burg, Tel.: 09342/93509-0

Weinwanderung ins Handtal mit dem Geschichts- und Heimatverein Kreuzwertheim e.V

Satzenberg beim Kloster Bronnbach, Kreuzwertheim

Auf der Berge freien Höhen,
in der Mittagssonne Schein,
an des warmen Strahles Kräften
zeugt Natur den goldnen Wein.

(Friedrich Schiller)

sondern schon immer einer der wenigen Weinberge Frankens die die höchste und längste Sonneneinstrahlung genießen. Weine aus diesen beiden Lagen werden in reiner Handarbeit hergestellt, fast wie zu Zeiten von Napoléon Bonaparte, dem die ehemalige Grafschaft die Teilung in Baden und Bayern im Jahre 1806 zu verdanken hat. Er entschied sich für den Main als Grenze und teilte somit Kreuzwertheim und Wertheim, die ursprünglich eins waren.

Titelbild von oben links nach unten rechts: Tauberbrücke, Adelshofen – Gemeinde Adelshofen; Burg Wertheim, Wertheim – Stadt Wertheim; Rathaus mit Schimmelturm, Niederstetten – Stadt Niederstetten; Zierfachwerk, Weikersheim – Verena Maas; Weinanbau in Tauberbischofsheim – Stadt Tauberbischofsheim; Igersheim und Bad Mergentheim, Igersheim – Gemeinde Igersheim; Burgtor am Burggarten, Rothenburg, – Stadt Rothenburg; Caravacakreuz, Külsheim – Stadt Külsheim ; Burg Gamburg, Werbach – Gemeinde Werbach

Rothenburg Seite 7, 9, 11, 12, 13, 14, 15, 16 – Stadt Rothenburg, Seite 14 re A. Böttger

Steinsfeld Seite 17, 18, 19, 20 – Gemeinde Steinsfeld

Adelshofen / Tauberzell Seite 21, 22, 23, 24, 25, 26 – Gemeinde Adelshofen / Tauberzell

Creglingen Seite 27, 29, 30, 31, 32, 33, 34, 35 – Stadt Creglingen

Bieberehren Seite 36, 37, 38, 39, 40, 41, 42 – Gemeinde Bieberehren

Röttingen Seite 44 – Stadt Röttingen, Seite 43 – H.-J. Hummel, Seite 47 li, 49, 50 – Evelyn Lorenz, Seite 48 – Dr. Michael Gura, Seite 46 – Markhard Brunecker

Tauberrettersheim Seite 51, 52, 53, 54, 55 – Gemeinde Tauberrettersheim

Weikersheim Seite 56, 57, 58, 59, 60, 61, 62, 63, 64, 66 re, 67, 68 – Verena Maas, 66 li – Stadt Weikersheim

Niederstetten Seite 69, 70, 71, 72, 73, 74, 75 – Stadt Niederstetten

Igersheim Seite 76, 78, 79, 80, 81, 82, 84, 85, 86 – Gemeinde Igersheim, Seite 80 – Hugo Kistner

Bad Mergentheim Seite 87, 89, 90, 91, 92, 93, 94, 95, 96, 97, 98, 100 – Gemeinde Bad Mergentheim, Seite 99 – Thomas Weller

Boxberg Seite 101, 103, 104, 106, 107, 108 – Stadt Boxberg

Lauda-Königshofen Seite 109, 111, 112, 113, 115 – Nikola Reinheimer, Seite 114, 116, 117 – Stadt Lauda-Königshofen, Seite 113 Dieter Göbel

Grünsfeld Seite 118, 119, 121, 122, 123 – Stadt Grünsfeld

Tauberbischofsheim Seite 124, 127, 128, 129, 130, 131, 132, 133 – Stadt Tauberbischofsheim

Königheim Seite 135, 136, 137, 138, 139, 140, 142, 144, 145 – Anja Göbel, Seite 141 – Siegfried Schmidt, 146 – Gemeinde Königheim

Werbach Seite 147, 149 li, 158, 159 – Gemeinde Werbach, Seite 149 re, 151, 152, 153, 155, 156, 157 – Anja Göbel

Külsheim Seite 160, 164, 165, 166, 171 – Stadt Külsheim, Seite 162, 163, 167, 168, 169, 170 – Jaroslava Kolar, Seite 172 – Weberei Pahl

Wertheim Seite 173, 175, 176, 177, 178, 179, 181, 182, 183, 184, 186 – Stadt Wertheim, 185, 186 – Kloster Bronnbach

Kreuzwertheim Seite 187, 189, 190, 191, 192, 195 – Markt Kreuzwertheim

Kultur- und Freizeit-Tipps Seite 196 – Gemeinde Werbach, Seite 200 – Herr Merz

Taubertäler Weinroute Seite 198 – Stadt Boxberg, Seite 217 – Stadt Külsheim, Seite 201 – H.-J. Hummel, Seite 203 – Stadt Tauberbischofsheim, Seite 205 – Gemeinde Adelshofen / Tauberzell, Seite 206 – Michael Gura, Seite 207 – Gemeinde Tauberrettersheim, Seite 209 – Gemeinde Bad Mergentheim, Seite 210 – Thomas Weller, Seite 211 – Stadt Boxberg, Seite 213 – Becksteiner Winzer, Seite 214 – Stadt Tauberbischofsheim, Seite 217 – Jaroslava Kolar, Seite 218 – Jaroslava Kolar, Seite 218 – Stadt Külsheim, Seite 220 – Weingut Alte Grafschaft

Quellenverzeichnis/Karten und Pläne

Quellen

Lippert, Daniela: Bad Mergentheim. Ein Gang durch die Stadt. Bad Mergentheim: FZB 2008.

Maike Trentin-Meyer: Lebendiger Orden mit großer Tradition. Die Geschichte des Deutschen Ordens 1190 bis heute. Spurbuchverlag, Baunach 2012.

Hanemann, Regina: Schloss Mergentheim mit dem Deutschordensmuseum. München, Berlin: Deutscher Kunstverlag 2006.

Edelmann Irmtraud: Wandern im Lieblichen Taubertal, Frankonia Buch, Verlag Fränkische Nachrichten, Tauberbischofsheim, 1995

Igersheim, Text-Bearbeitung: Ulrich Dallmann (Heimathistoriker), Ingrid Kaufmann-Kreußer, 2015

Lauda-Königshofen, Text-Neufassung: Irmgard Jung in Zusammenarbeit mit Karl von Baumbach (Stadtführer), Norbert Gleich (Stadt), Helmut Schattmann (Architekt). 2015

Jörg Paczkowski, Kurt Bauer, Stefanie Zwicker, Wertheim, Stadt an Main und Tauber, KunstSchätzeVerlag 2012

Hermann Schneider, 700 Jahre Weinbau in Tauberzell 1988

Manfred Schneider, Kreuzwertheim: Mein Stück Mainfranken. Fränkische Nachrichten 1989

Carlheinz Gräter: Weinwanderungen an der Tauber, Frankonia im Verlag Fränkische Nachrichten 1996

Karten und Pläne

Übersichtskarte in der Umschlagklappe – Tourismusverband „Liebliches Taubertal“

Rothenburg, Creglingen, Weikersheim, Igersheim, Werbach –
Heike Korn, Ingenieurbüro für Kartografie, Ober-Ramstadt

Röttingen – Stadt Röttingen

Bad Mergentheim – Stadt Bad Mergentheim

Grünsfeld – Stadt Grünsfeld

Tauberbischofsheim – Stadt Tauberbischofsheim

Külsheim – Stadt Külsheim